歴史の謎研究会［編］

この一冊で「いま」がスッキリわかる！

世界史と世界地理

青春出版社

歴史と地理をリンクさせれば、重要ポイントが楽しく身につく！

この地球上に存在する国が、いつできて、どんな経緯で現在のような形になったのか、一度でも不思議に思ったことがあるなら、ぜひこの本を開いてみてほしい。

たとえば、新大陸の植民地だったアメリカが、「トランプ大統領」を産むことになるまでの経緯とは？　スペイン語を公用語にしている国が多い南米で、なぜブラジルだけがポルトガル圏？　ローマ帝国、ルネサンス…地中海に囲まれたイタリア半島に遺る歴史の痕跡とは？　東アジアの「覇権」をめぐる４０００年の歴史ドラマとは？

本書では、「世界史」と「世界地理」の二つの流れを踏まえて、こうした疑問に鋭く迫った。地形、領土、国境、産業から、その「場所」で起きた世界史上の大事件まで、歴史と地理をリンクさせれば、重要ポイントが楽しく身につく。あの「ニュース」の背景もよくわかる最強決定版!!

２０１６年12月

歴史の謎研究会

ベーリング海峡
ベーリング海
ハドソン湾
ミシガン湖
北米
ロッキー山脈
ミシシッピ川
メキシコ湾
大西洋
中米
カリブ海
太平洋
アマゾン川
南米
アンデス山脈
コーラル海
オセアニア
マゼラン海峡

◆現在の「世界地図」

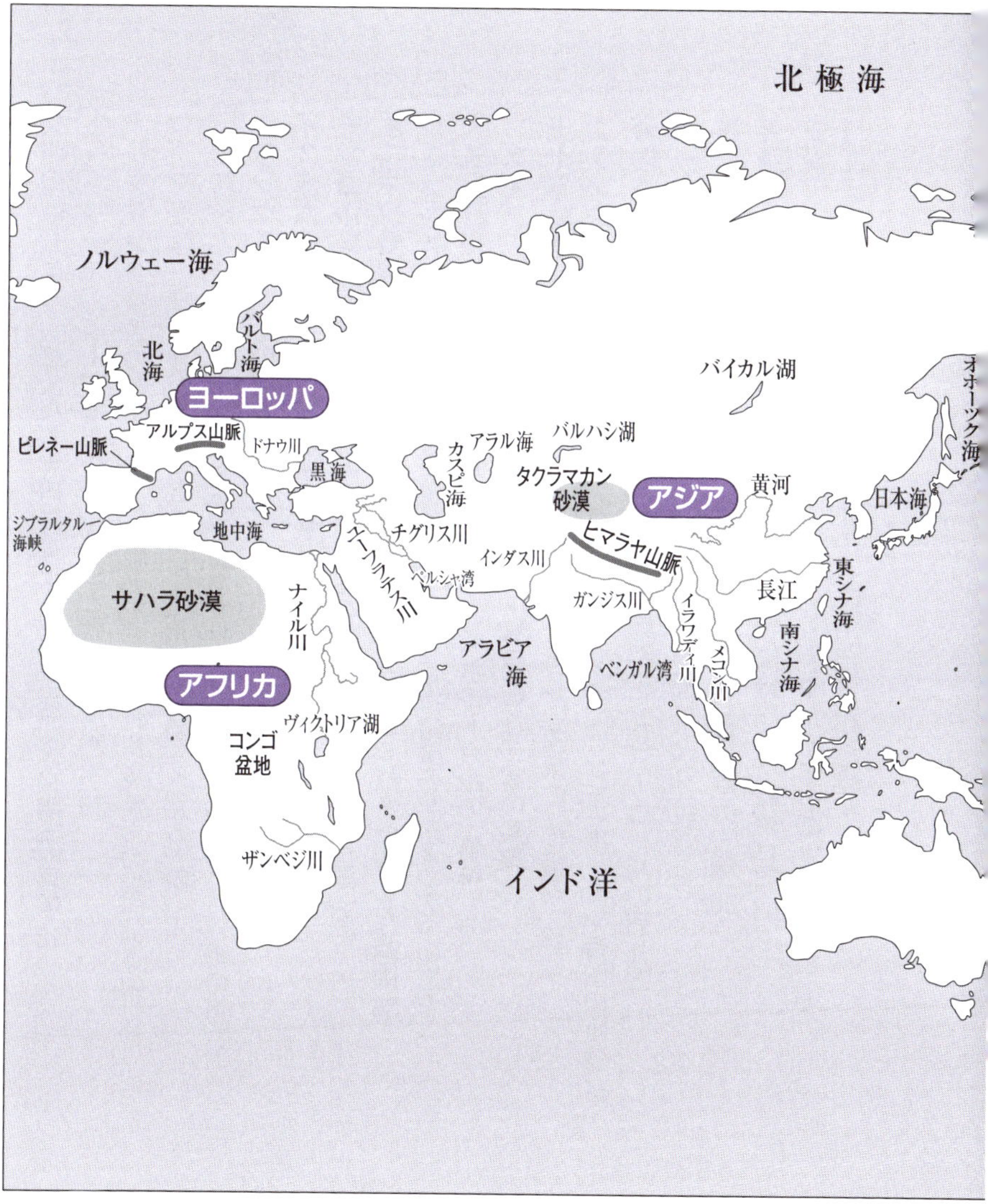
北極海
ノルウェー海
バルト海
北海
ヨーロッパ
アルプス山脈
ピレネー山脈
ドナウ川
黒海
アラル海
バルハシ湖
カスピ海
タクラマカン砂漠
アジア
黄河
バイカル湖
オホーツク海
日本海
ジブラルタル海峡
地中海
チグリス川
ユーフラテス川
インダス川
ヒマラヤ山脈
ペルシャ湾
サハラ砂漠
ナイル川
アラビア海
ガンジス川
イラワディ川
メコン川
ベンガル湾
長江
東シナ海
南シナ海
アフリカ
ヴィクトリア湖
コンゴ盆地
ザンベジ川
インド洋

◆目次◆

1章 世界史がわかる！ 20枚の世界地図

文明のはじまり　悠久なる大河に育まれた「世界四大文明」の実像 12
古代ギリシャ　エーゲ海をめぐる繁栄と戦いの激動史 15
アレクサンドロスの帝国　広大な版図を手に入れた青年王の栄光と挫折 18
ローマ帝国　地中海の覇権を握った巨大帝国が分裂するまで 21
漢の統一とシルクロード　中央アジアを越えて東西を結びつけた「絹の道」 24
フランク王国　その歴史が西ヨーロッパ世界の「原形」をつくる 27
イスラム帝国　イスラム文明の拡がりは世界をどう変えたか 30
モンゴル帝国　ユーラシア大陸全域に及んだ史上空前の大帝国 33
オスマン帝国　イスラム世界の頂点に立ち、ヨーロッパを席捲した強国 36
レコンキスタ　「国土回復運動」でイベリア半島に誕生した2つの王国 39
大航海時代　世界を手中に収めたスペイン、ポルトガルの「軌跡」 42
ハプスブルク家の興亡　西ヨーロッパに君臨した王家の系譜 45
三十年戦争　「危機」を乗り越えて誕生した新しい国家の「枠組み」 48
フランス革命とナポレオン　大陸制覇の道を邁進したナポレオン帝国の全貌 51
帝国主義の時代　アジア、アフリカを植民地化したヨーロッパの列強国 54
第一次世界大戦　波乱の20世紀はいかに幕を開けたか 57
第二次世界大戦　連合国VS枢軸国、死力を尽くした世紀の大戦 60
東西冷戦　2つの超大国を中心に真っ二つに分かれた戦後世界 63
アジア・アフリカ諸国の独立　次々と独立を果たすまでの本当の経緯 66
21世紀の世界　民族対立、宗教対立…世界に蒔かれた数々の「火種」 69

2章 アジア・オセアニア

大韓民国 北緯38度線を挟んだ「分断国家」が誕生するまで 74
朝鮮民主主義人民共和国 国際的孤立を深める朝鮮半島のもう一つの国 77
中華人民共和国 東アジアの「覇権」をめぐる4000年の歴史ドラマ 79
台湾 台湾海峡で大陸と隔てられた島が世界の注目を集める理由 86
モンゴル国 ロシアと中国の間という地理的条件はモンゴルをどう変えたか 88
インド 世界から注目を集める南アジアの大国がたどった波乱の道のり 90
カンボジア王国 侵略、内戦、虐殺…東南アジアの王国を襲った「悲劇」 93
タイ王国 植民地化されることなく独立を保つことができた理由 95
パキスタン・イスラム共和国 インダス文明の地に誕生した「清浄なる国」 97
ベトナム社会主義共和国 なぜインドシナが東西対立の「発火点」になったか 99
バングラデシュ人民共和国 パキスタンの「飛び地」から独立したベンガル人の国 102
ミャンマー連邦共和国 他国の支配を経て独立後、新政権が発足した仏教国 104
オーストラリア連邦 〝世界最小の大陸〟にあるイギリス連邦の一国 106
シンガポール共和国 マレー半島最南端の要所にある「ライオン・シティ」 108
スリランカ民主社会主義共和国 「セイロン」が紆余曲折の末に独立を果たすまで 110
インドネシア共和国 1万7500の島々からなるイスラム教国 112
マレーシア マレー半島南部とカリマンタン島を領土とする複合民族国家 114
フィリピン共和国 植民地支配の影響が色濃く残る南シナ海の群島国家 116
アフガニスタン・イスラム共和国 侵略を繰り返される「文明の十字路」 118

3章 ヨーロッパ

アイルランド　隣国イギリスとの関係が、この国の運命を決定づけた　122
イタリア共和国　ローマ帝国、ルネサンス…地中海に囲まれた半島に遺る歴史の痕跡　124
バチカン市国　ローマ市内に「世界で一番小さい国」ができるまで　128
オーストリア共和国　アルプス山脈を〝要塞〟に持つハプスブルク家の支配地　130
オランダ王国　スペインから独立し、17世紀に一時代を築く　132
ギリシャ共和国　エーゲ海で育まれたヨーロッパ文化の〝源流〟　134
イギリス　大西洋の島国が世界に冠たる「大英帝国」を築いた経緯　136
スイス連邦　アルプス山脈の麓で独自の存在感を放つ「永世中立国」　140
スウェーデン王国　スカンジナビア半島の国がバルト海を席捲した時代とは？　142
スペイン　世界に植民地を拡げたイベリア半島の帝国の「その後」　144
デンマーク王国　バルト海に面するかつての「海上帝国」　148
ノルウェー王国　デンマークの支配から独立した北欧の王国　150
ドイツ連邦共和国　東フランク王国から現代まで…時代の影響をどう受けたか　152
フランス共和国　フランク王国、ナポレオンの登場…ヨーロッパの「中心」で何が起きたか　156
ベルギー王国　5つの国に囲まれた「ヨーロッパのへそ」が歩んできた道　160
ポルトガル共和国　大航海時代にスペインと世界を二分したかつての「大帝国」　162
チェコ共和国　東欧と西欧の「境界線」でいったい何が起きたのか　166
旧ユーゴ　7つの国境、6つの共和国、5つの民族…複雑な国内事情の結末　168
ロシア連邦　世界一の領土を持つ国が体験した「ロシア革命」の衝撃とは？　172

目次

4章 中東・アフリカ

アラブ首長国連邦 7つの首長国から成る連邦国家誕生の経緯 178
イスラエル国 「聖地」をめぐる根深い対立の原点 180
イラク共和国 古代文明発祥の地が「イラク戦争」の舞台になるまで 184
イラン・イスラム共和国 数々の王朝を生んだペルシャ人の国家 186
サウジアラビア王国 アラビア半島の砂漠の国が1世紀で変貌を遂げた理由 188
シリア・アラブ共和国 アラブ統一をめざした地中海東岸の国 190
トルコ共和国 アジアとヨーロッパの繋ぎ目で繰り広げられた「文明」の興亡 192
エジプト・アラブ共和国 ナイル川流域のエジプト文明から出発したアラブの盟主 196
チュニジア共和国 世界史の重要な「舞台」として登場する地中海の国 200
南アフリカ共和国 ダイヤモンド、金の発見がこの国の運命を変えた 202
イエメン共和国 南北分断を経て、統一を果たしたアラビア半島南部の国 204
クウェート国 戦略上重要な役割を持っていた「小さな砦」 206
アルジェリア民主人民共和国 「砂漠の国」に目をつけたフランスの思惑 208

5章 南・北アメリカ

アメリカ合衆国 「新大陸」の植民地はいかにして世界一の超大国となったか 212
カナダ エリザベス2世を元首とする連邦国家誕生の経緯 219
キューバ共和国 カリブ海の島国がアメリカと対立を続けた本当の理由 221

パナマ共和国　「パナマ運河」がもっていた戦略的重要性とは？　224
コロンビア共和国　スペインからの独立を果たした南米の共和国　226
メキシコ合衆国　〝アステカの地〟がスペインの侵略から独立を果たすまで　228
ペルー共和国・チリ共和国　アンデス山中に築かれた高度な文明が滅亡した本当の理由　230
ブラジル連邦共和国　南米で唯一のポルトガル植民地ができるまで　234

6章　世界の地理・産業

世界の「かたち」　我々はどんなところに住んでいるのか？　238
世界の気候　世界の気候を簡単に分類すると？　241
世界の食料・農業　どこでどんなものが生産されている？　244
世界の工業・水産業　産業の移り変わりから何がわかる？　247
世界のエネルギー資源　世界のエネルギー最新事情とは？　250

カバー写真提供…………shutterstock
beeboys/shutterstock.com
本文図版作成・ＤＴＰ……ハッシィ
制作……………………新井イッセー事務所

1章

世界史がわかる！20枚の世界地図

文明のはじまり

悠久なる大河に育まれた「世界四大文明」の実像

日本の西側に広がるアジア大陸から北アフリカに至るアフロ・ユーラシア。「世界四大文明」と呼ばれている古代文明は、ちょうど北緯30度前後のこの地域に点在している。

この地球上に都市国家が形成されたのは、約6000年前の紀元前4000年頃、人類最古のメソポタミア文明である。ペルシャ湾に近いチグリス川とユーフラテス川の狭間《はざま》にウルク、ウル、ラガシュなどのシュメール人国家が成立した。

それから約1000年を経た前3000年頃に、アフリカ大陸の東を流れるナイル川流域でエジプト文明が興り、前2500年頃にはインダス川流域にインダス文明が、前3000〜2000年頃には中国の黄河流域に黄河文明が成立した。

これら古代文明は、かつてはそれ以降に続く文明の源流だといわれてきた。だが、今では他の地域でもほぼ同じ時期に文明が興っていることがわかっている。

世界史

◆世界の古代文明

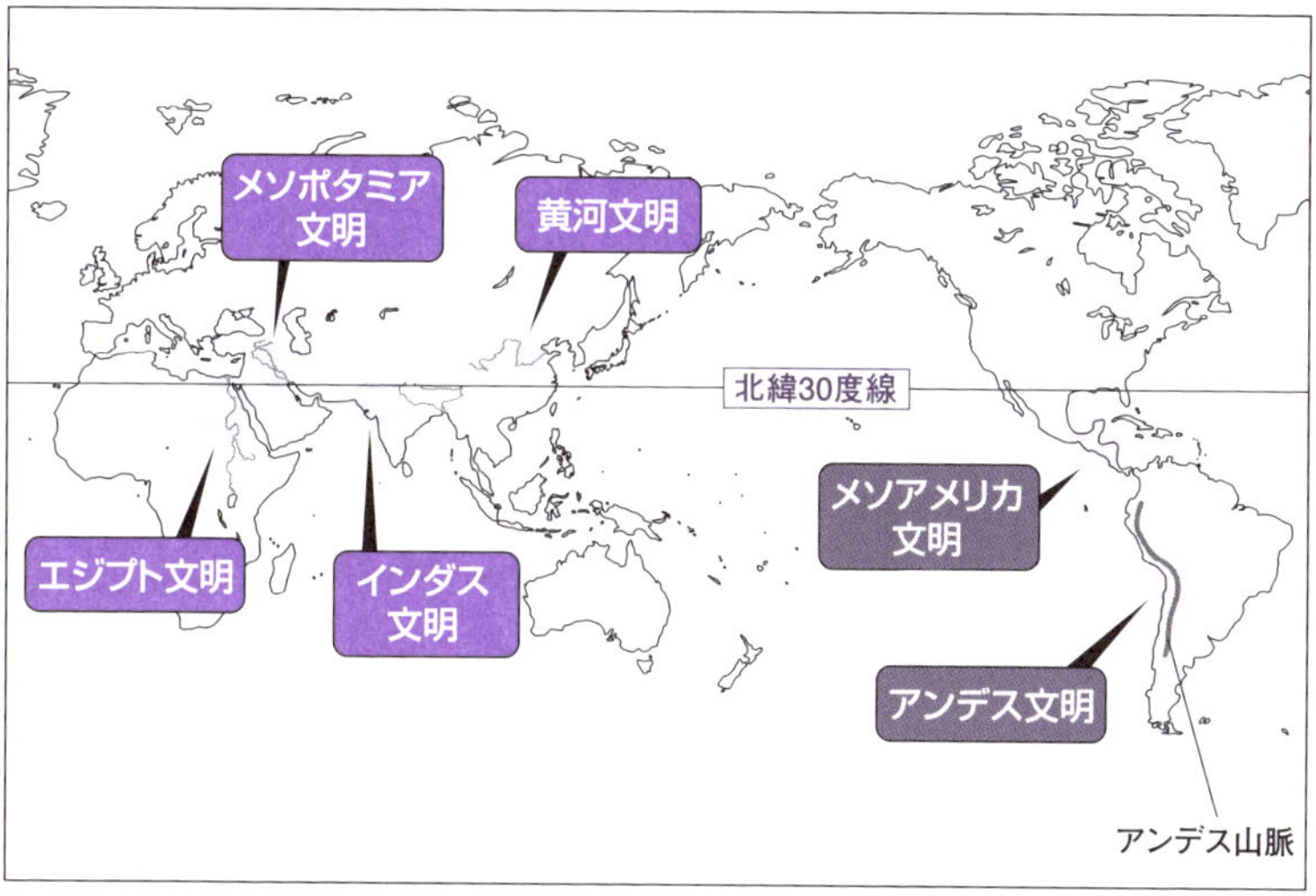

たとえばアメリカ大陸には、現在のメキシコや中米にあたる地域にメソアメリカ文明、南米大陸を縦断するアンデス山脈周辺にはアンデス文明が栄えていた。

この２つの文明が誕生したのは前２０００年頃で、黄河文明とほぼ同時期である。そして、四大文明に登場する鉄器や車を使わず、人力と土掘り棒で農耕都市文明を築いていたところに、これら中南米大陸に興った文明の共通点がある。

一方、アフロ・ユーラシアに開花した文明に共通していたのは、大河の存在だ。文明は人類が思考をすることによって生まれるというが、古代人たちは恵みをもたらす大河の氾濫をサイクルとしてとらえて暦を考案したり、水路で水量をコントロールする技術を取り入れるなどして、時に猛威を振るう大河に挑みながら高度な文明を築いてきたのだ。

さらに文明が進むと、階級社会や王権政治が成立し、建築や土木の技術が磨かれ、文学や美術が発展する。

だが、こうした発展の裏では、権力者による争いが絶えなかった。メソポタミアの地はアッカド人のサルゴン1世によって王国として統一され、やがて全オリエントを制覇するアッシリア帝国に呑み込まれていく。

エジプトも3000年の長きにわたって興亡を繰り返し、最盛期にはその領土を地中海東岸にまで広げたが、やがて台頭するアッシリア帝国、アケメネス朝ペルシャ、アレクサンドロスの帝国の支配を経て、前30年にローマ帝国に支配されると終焉を迎えることになる。

黄河文明の流れを汲む中国でも、覇権をめぐって興亡が繰り広げられた。殷《いん》、周《しゅう》の成立を経て、春秋・戦国時代という戦乱の世が訪れるが、戦国時代の覇者である秦《しん》の始皇帝が登場したことによって、ようやく全土の統一を果たすのである。

一方、インダス文明には戦いの匂いが少なく、王や神のような権力的存在が見当たらない。都市は計画的に整備されていたが、成立から約700年で消滅する。その後は、イスラムの侵入を受け、近代にはイギリスの植民地になるなど他民族に翻弄される歴史を持つのだ。

こうした人間の営みが延々と積み重ねられた結果が、現在の世界なのである。

古代ギリシャ

エーゲ海をめぐる繁栄と戦いの激動史

ユーラシア大陸と東アフリカで世界四大文明が発展していたその頃、エーゲ海とその周辺地域では、3つの文明が誕生している。小アジア（現トルコ）のトロイ周辺に成立したトロイ文明、クレタ島を中心としたクレタ文明、そしてギリシャ半島の街ミケーネで発展したミケーネ文明である。

これらは「エーゲ文明」と呼ばれ、青銅器や線文字などの文化に優れ、海上貿易が発展していたことから海洋文明ともいわれた。だが、エーゲ文明は前1400〜1200年にかけて大陸から南下したアカイア人やドーリア人の侵入によって滅亡する。

エーゲ海沿岸地域は他民族がもたらした破壊と混乱で暗黒時代に突入したが、やがて安定を求める共同体が生まれ、前8世紀頃からバルカン半島の南西部や小アジアに集住が始まった。これが都市国家群ポリスの始まりであり、ギリシャ文明の夜明けだった。

ポリスはその規模も大小さまざまで、現在のギリシャの首都であるアテネも、もとはポリスのひとつだった。

そんなアテネが頭角を現したのがペルシャ戦争である。海上貿易への依存度が高かったポリス社会にとってエーゲ海は商業の要だったが、その制海権を奪うべくオリエントの支配者であったアケメネス朝ペルシャが動き出したのだ。

商業権益をめぐる争いが、やがて小アジアのポリス市民の反乱に発展し、前500年にペルシャ戦争が勃発。ギリシャのポリスはアテネやスパルタを中心とした連合軍として団結し、大国アケメネス朝を撃退した。

戦争終結後、対ペルシャ防衛のためのデロス同盟を結成し、その中心となったアテネはギリシャ世界を制覇、ギリシャ第一のポリスとして発展する。

しかし、アテネと同じく連合軍を結成してペルシャ戦争を戦ったスパルタが、アテネを中心とした体制に不満を抱き、今度は両者が対立し始めるのだ。

やがてデロス同盟を率いるアテネに対し、スパルタはペロポネソス同盟を結成。周囲のポリスを巻き込んで前431年、ペロポネソス戦争に突入する。

戦局は当初アテネが優勢だったが、アテネの指導者ペリクレスが疫病によって開戦後まもなく死亡すると、ペルシャから軍の派遣や資金の援助があったスパルタが勢力を盛り返し、前4

◆ペルシャ戦争時の勢力図

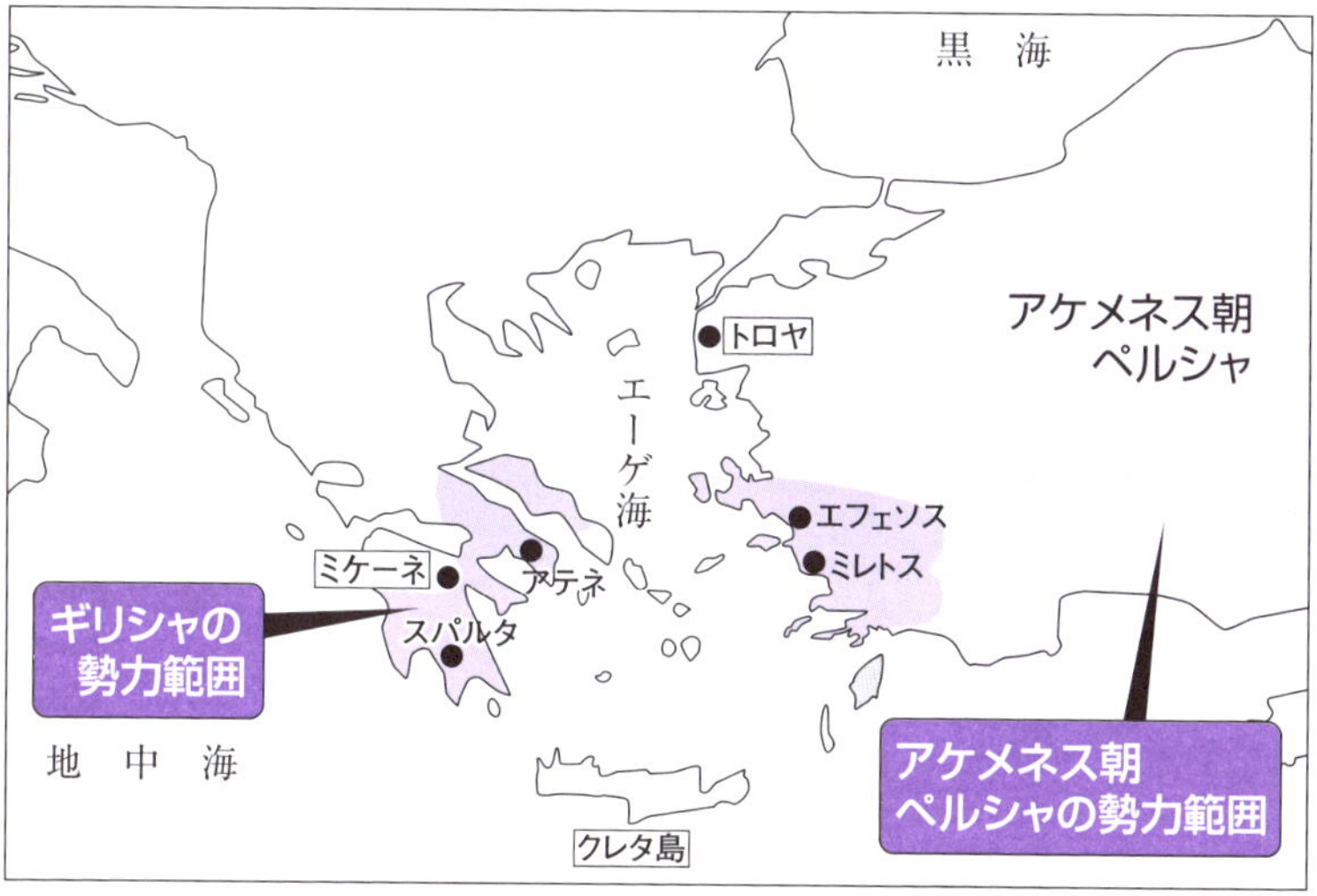

04年、アテネに勝利しギリシャ世界を制覇した。

だが、スパルタによって統治されたギリシャはポリス社会の没落を招く。開放的で文化面で優れていたアテネに対して、スパルタの国家は軍事主体で閉鎖的な制度に縛られていたからだ。そのため、民主政治が腐敗し衰退の一途を辿る。

その後、スパルタはアイオリス人のポリスであるテーベに敗れ、そのテーベは前338年、マケドニアのフィリッポス2世に敗れてギリシャ世界の覇権を明け渡すことになる。

国家としての独立性を失ったギリシャは、その後アレクサンドロスの帝国に支配され、前2世紀にはローマ帝国の属州として存在していくのだった。

アレクサンドロスの帝国

広大な版図を手に入れた青年王の栄光と挫折

エジプトの都市アレクサンドリアは、首都カイロに次ぐ第二の都市として知られているが、実は「アレクサンドリア」と名づけられた街はここだけではない。

この都市名は、前336年にマケドニア王に即位し、当時のオリエントの覇者アケメネス朝ペルシャを倒したアレクサンドロス大王の名を冠している。

アテネ対スパルタというギリシャの内乱に加勢して、結果的にギリシャを滅亡に追いやった軍事大国のアケメネス朝ペルシャだったが、やがてその内部で権力闘争が勃発する。それを戦機と見たのがアレクサンドロス大王だ。マケドニア周辺国を瞬く間に制圧すると、アケメネス朝ペルシャ打倒を掲げ、前334年にマケドニアを出発する。

前333年、地中海東岸のイッソスでペルシャ軍に大勝すると、エジプトを占領したアレクサンドロスはまず、ここに植民都市アレクサンドリアを建設した。続いて、前331年のガウ

◆アレクサンドロスの帝国

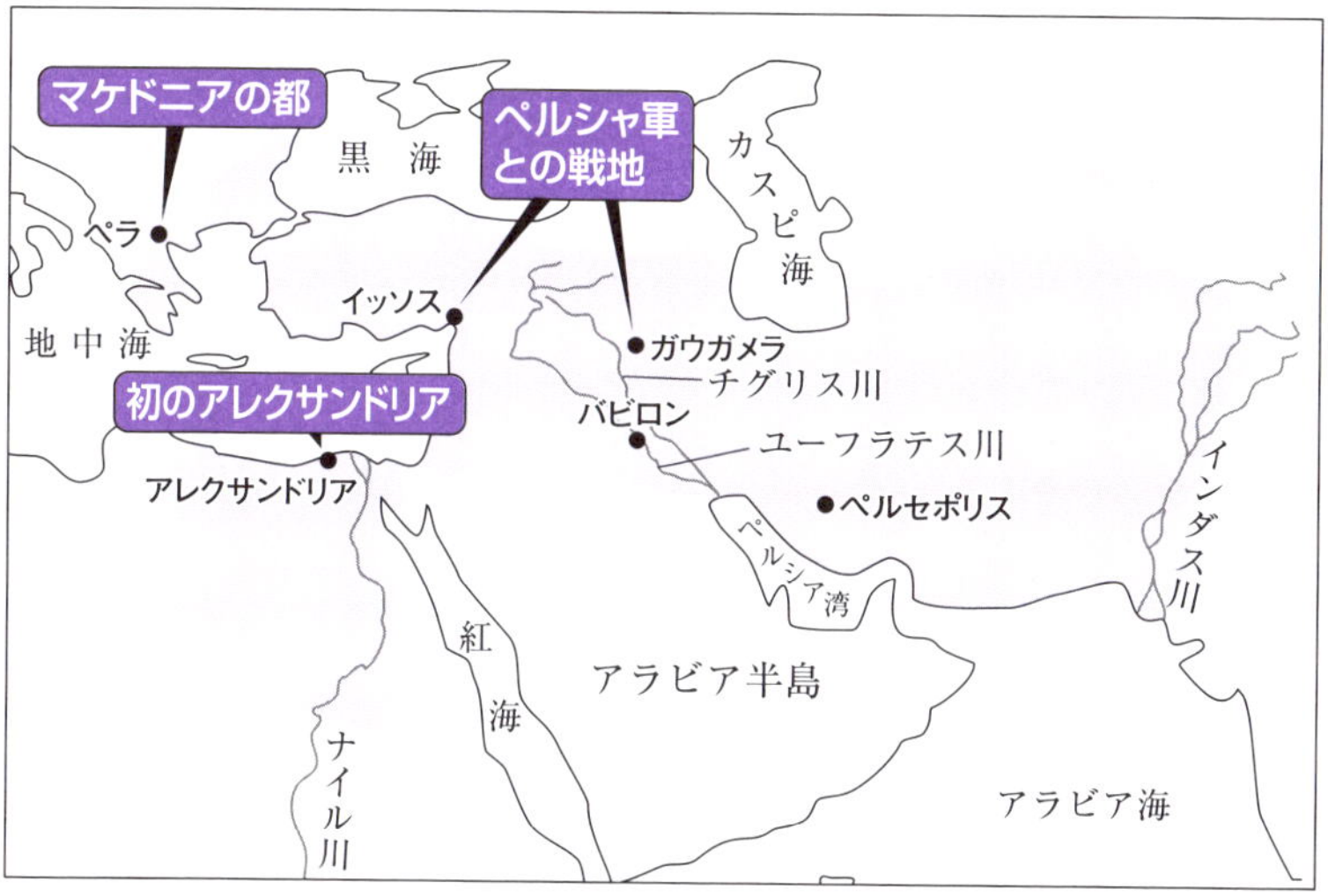

ガメラの戦いにも勝利したアレクサンドロスの軍はペルシャ領を併合し、インドをめざす。

その約2万キロメートルにも及ぶ東方遠征で、古代オリエントの各地にアレクサンドリアの名をつけた都市が次々に誕生し、西はエジプトから東はインダス川の流域までその数は70以上に及んだ。

アレクサンドロスの帝国が急速に、そして確実に拡大したのは東西融合政策をとったからだ。それはマケドニア人とペルシャ人を同権とみなすものであり、ペルシャ人を正規軍に編入させ、ペルシャの宮廷儀礼を採用するなど、敗者であるペルシャを尊重するものだった。

こうしたアレクサンドロスの統治の考え方のベースには、少年時代にギリシャの哲学者アリストテレスから学んだ帝王学があるといわれる。また、幼い頃から母オリュンピアスに「英雄になることがお前の務め」と言われ続けてきたことも無関係ではないだろう。

さらに、貨幣単位を統一し、共通語を制定したことで広大な交易圏が誕生すると、ギリシャ文化とオリエント文化が行き来するようになり、ヘレニズム文化が誕生する。ヘレニズム文化は、まさに〝文化のグローバル化〟と呼ぶにふさわしく、東西融合政策をきっかけに新たな時代と文化が歴史に刻まれたのである。

だが、アレクサンドロスは短命だった。インダス川流域まで遠征した後、ユーフラテス川流域のバビロンまで戻ってきたアレクサンドロスは32歳の若さでこの世を去った。その死因については高熱説が大方の見方だが、東西融合政策を快く思わなかったマケドニア貴族らによる暗殺説もささやかれている。

若くして最期を迎えたアレクサンドロスに後継者はなく、ディアドコイ（後継者）の争いが勃発した。

だが、アレクサンドロスをしのぐ実力者が現れるはずもなく、帝国は分裂し、領土はアンティゴノス朝マケドニア、プトレマイオス朝エジプト、そしてセレウコス朝シリアに分かれた。

その後、地中海沿岸地域を中心に勢力を拡大していたローマ帝国によって、いずれの国も滅ぼされることになる。

ローマ帝国

地中海の覇権を握った巨大帝国が分裂するまで

ローマは一日にしてならず――という諺《ことわざ》があるように、一都市国家だったローマが大帝国に発展するまでには長き道のりがあった。

イタリア半島中西部に居住するラテン人によって都市国家ローマが建設されたのは、伝説によると前753年のことだといわれている。建国当初、ローマはエトルリア人の王が支配していた。しかしその後、勢力を拡大したローマ人は、前509年にエトルリア人の王を追放すると貴族を中心とした共和政の国となった。

この共和政の時代に、ローマは領土を一気に拡大する。イタリア半島の各都市を制圧すると同時に、交通網を整備することでその支配地域を順調に拡大させていったのだ。

ローマがイタリア半島の統一を果たしたのは紀元前272年のこと。南イタリアにあったギリシャの植民都市タレントゥムとの戦いに勝利した時だった。そこからさらに地中海への進出を図るが、その対岸には北アフリカからイベリア半島にかけて勢力を拡大していたフェニキア人の国家カルタゴが待ち受けていた。

地中海の制海権をめぐり、名将ハンニバルが率いるカルタゴ軍と3度にわたるポエニ戦争を繰り広げたローマは、第2次ポエニ戦争で地中海に浮かぶコルシカ、サルディニア、シチリアの島々と、現在のスペインの一部を獲得し、第3次ポエニ戦争でついにカルタゴを滅亡に追いやるのである。

さらにポエニ戦争と同時期に、王を失って分裂していたかつてのアレクサンドロスの帝国にも手を伸ばし、前148年にはアンティゴノス朝マケドニア、前63年にはセレウコス朝シリアを制圧し、その領土を一気に拡大していく。

さらに、女王クレオパトラが支配していたプトレマイオス朝エジプトにも侵攻したローマは、前31年のアクティウムの海戦で勝利する。エジプトを陥落し、ついに地中海全域の覇者となったのだ。

地中海を制覇したローマはその後、帝政となり、200年にわたる安定した時代を迎えることになる。この時代はパックス・ロマーナ（ローマの平和）といわれている。

経済面ではアラビアやインド、中国との貿易が盛んになり商業が発達した。また、今もなおローマの街でその存在感を見せつけるコロッセウムやパンテオンの建築物もこの時代に建立さ

世界史

◆ローマ帝国の最大領域（117年）

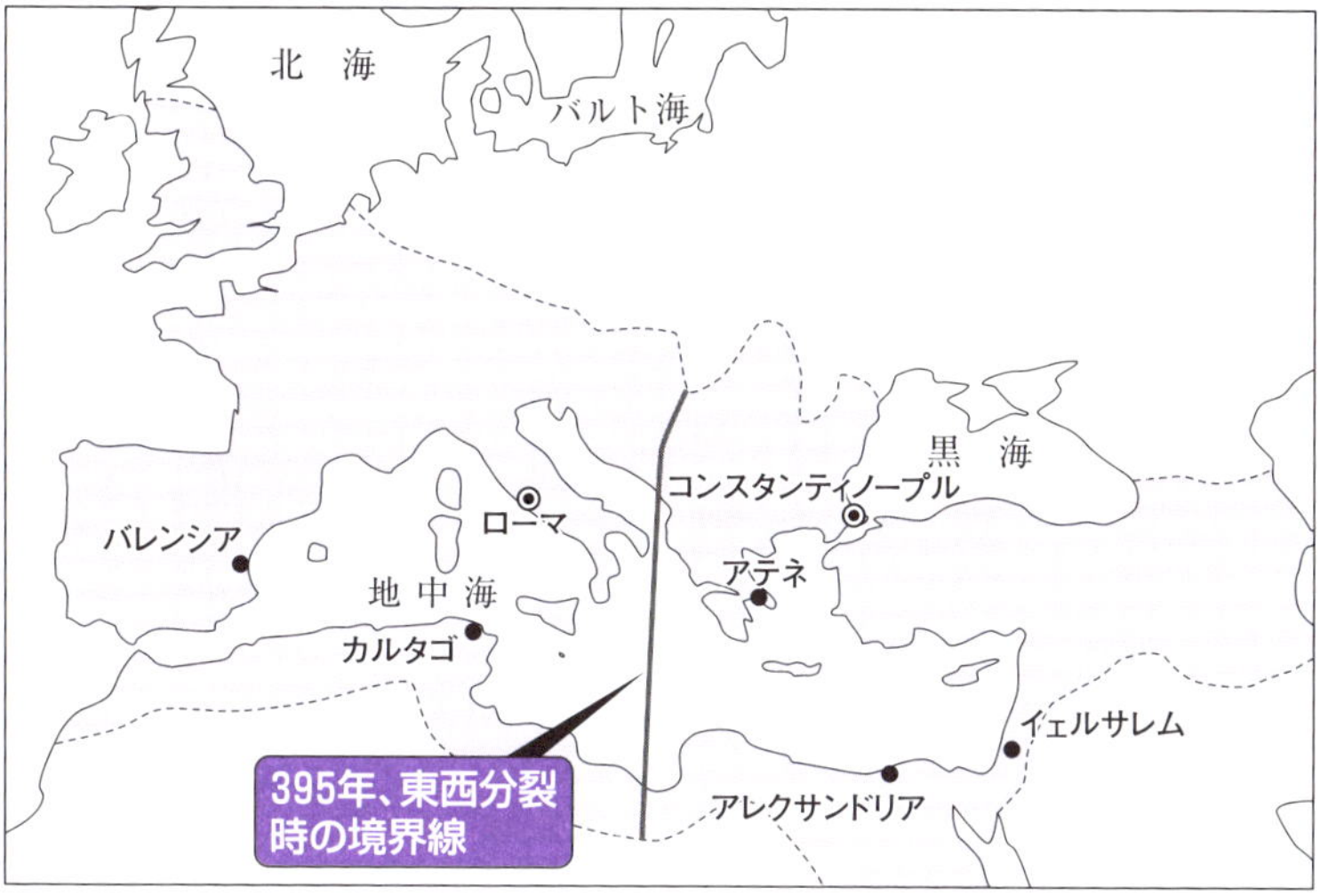

れ、華やかなローマ文化や生活様式が確立されている。

だが、その平和と繁栄も永遠のものではなかった。2世紀後半になると、ゲルマン人がローマに侵入。度重なる外圧との戦いによって帝国は疲弊し、各地の軍隊が勝手に軍人皇帝を擁立したことで、帝国は行き詰まりをみせるようになる。

3世紀末になるとこの混乱はディオクレティアヌス帝によって収められたものの、それも一時的なものにすぎなかった。

皇帝が死去すると再び混乱に陥ったローマ帝国は、330年に首都をコンスタンティノープル（現イスタンブール）に移したが、求心力を取り戻せず、395年にはついに東西に分裂、大帝国の歴史に幕が下された。

漢の統一とシルクロード

中央アジアを越えて東西を結びつけた「絹の道」

日本の約25倍の国土を持つ中国の始まりは、4000年前に黄河流域の仰韶《ぎょうしょう》や竜山《りゅうざん》に文明が生まれたのが発祥だ。

それから2000年あまり経た前1600年、中国最古の王朝である殷が興る。そしてその約500年後、殷の配下にあった周が殷の王を倒して周王朝の時代となり、やがて春秋・戦国時代を経て、前221年、秦の始皇帝によって初めて中国統一が果たされた。

しかし、統一後も領土を拡大したとはいえ、秦の領域はアジア大陸全体から見れば東部の一部にすぎなかった。

古代中国の王朝で最大の領域を誇ったのは、前202年から約400年にわたって続いた漢《かん》の王朝である。

漢の最大領域は、南北は現在のモンゴルからベトナムまで、東西は朝鮮半島からタクラマカ

◆ユーラシア大陸とシルクロード（紀元前2世紀頃）

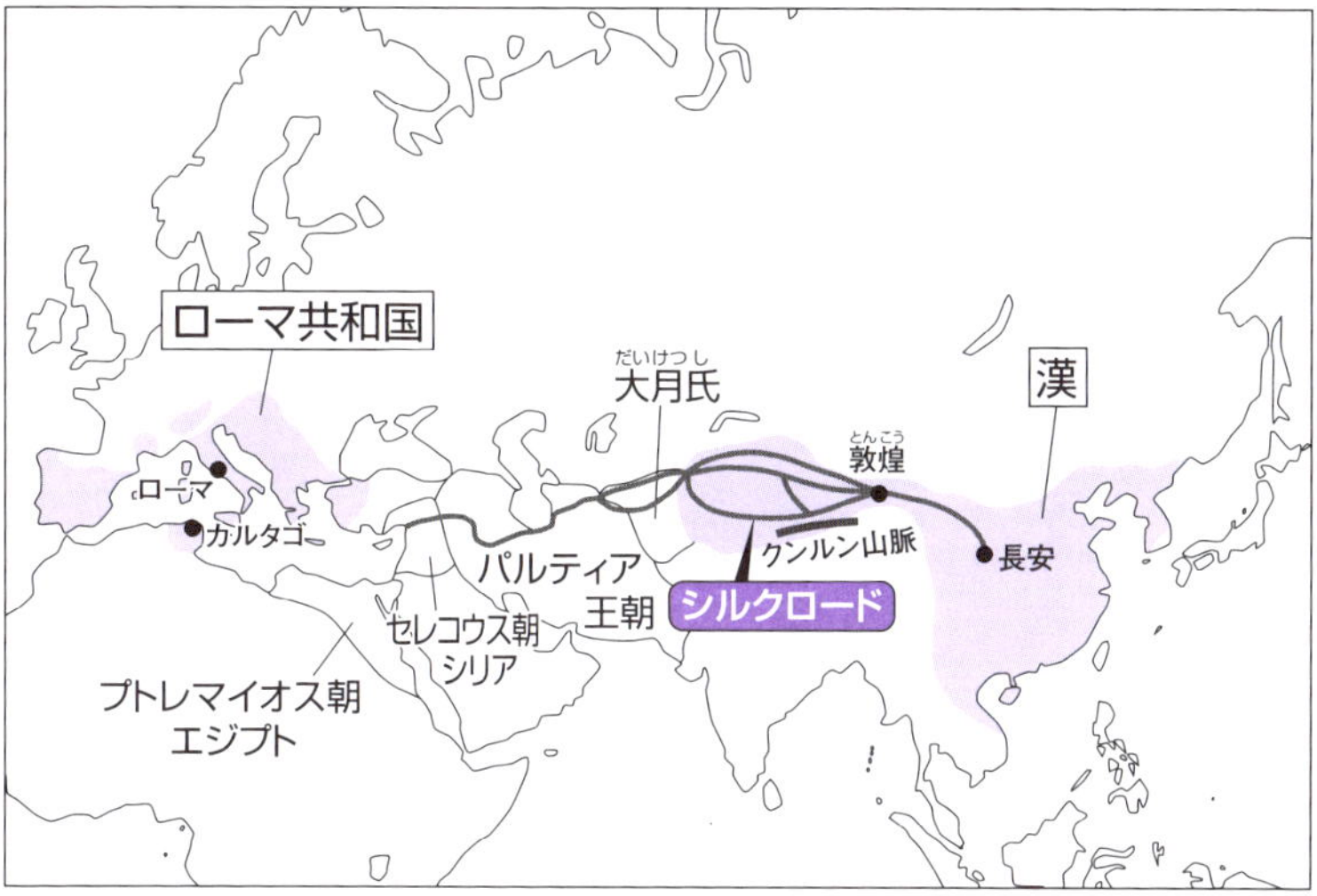

ン砂漠を越えて中央アジアまで広がった。東西の距離は、実にユーラシア大陸の約3分の1にも相当する広さである。ユーラシア大陸には東西に走るクンルン山脈があるが、当時、その雪どけ水が流れ落ちるオアシスには古代人が建てた多くの都市があった。

そして、それらの都市の間を商隊が歩いた道が、「シルクロード」だ。

当時、中国で産出される絹は他の地域で生産することができなかったため、中国産の絹はこの道を通り遠くローマまで運ばれたのだ。

さらにシルクロードは、漢に物資だけでなく、外交政策上の貴重な情報をもたらすことになる。

前2世紀後半、全盛期を迎えた漢の第7代武帝《ぶてい》は積極的な対外政策を打ち立てた。匈《きょう》奴《ど》を征討するべく大月氏《だいげつし》に派遣されていた張騫《ちょうけん》から、中央アジア方面の情報がもたらされると、武帝はオアシス都市を服従させるため大軍を差しむけた。

だが、度重なる外征により漢の財源は逼迫《ひっぱく》し、中央への不満が高まると社会の秩序が崩れていく。やがて武帝がこの世を去ると、外戚の王莽《おうもう》によって漢は滅亡に追いやられてしまうのだ。王莽は新《しん》を建国したが、その横暴なやり方に全国の民衆が反乱を起こし、わずか15年で新は滅亡する。その後、漢は王族の劉秀《りゅうしゅう》によって再建され、動乱で疲弊した経済や農業生産力を回復させた。

だが2世紀に入ると、またも外戚が権力を振るうようになり、国家としての求心力は弱まっていく。地方では豪族が勢力をふるい、農民らの反乱が急増して、先の滅亡をなぞるかのように漢は衰退の一途を辿るのである。

シルクロードは、漢以降も交易の道としてその役割を果たし、仏教やゾロアスター教などの宗教も中国に伝えたが、７世紀前半に中国を再統一した唐《とう》が９世紀になって衰退を始めると、中央アジアでの民族間の抗争が激しくなり、しだいに東西交易のルートは海上へと移る。

以降、中国から西洋世界までをつなげていたシルクロードは衰退していく。そして、唐の滅亡以降、分裂した中国は五代十国の興亡を経て９６０年に宋《そう》の時代を迎える。宋が金《きん》に侵略されると、やがてユーラシア大陸を席捲するモンゴル帝国に呑み込まれていくことになる。

フランク王国

その歴史が西ヨーロッパ世界の「原形」をつくる

ローマ帝国の東西分裂以降も、国力の衰えない東ローマ帝国（ビザンツ帝国）に対して、西ローマ帝国はゲルマンにその領土を支配されわずか80年で消滅し、分裂する。

そこで、東ローマ帝国支配下にあったコンスタンティノープル教会に対してローマ教会は独自の動きを強めていった。

ところで、8世紀頃の地中海はまさに「イスラムの海」という様相で、イスラム勢力は西アジアから北アフリカ、イベリア半島までの領域と、地中海の真ん中に浮かぶシチリア島にまで及んでいた。

一方、キリスト教勢力は、西はピレネー山脈から東はアナトリアまでをその領域にしていたが、その体制はけっして磐石なものではなかった。そこでローマ教会が接近したのが、フランク王国である。

フランク王国が建国されたのは481年。476年に滅亡した西ローマ帝国の領域にゲルマン人の一部族であるフランク族が入り、ガリア地方を制して基盤を固めたことに始まる。

フランク王国を築いたクローヴィスはパリに都を置き、メロヴィング朝を開いた。そして、その土地に暮らしていたローマ人と同じキリスト教の宗派に改宗し、友好的な関係を築く。さらに、近隣国への侵攻を続け南のブルグント王国、イベリア半島の西ゴート王国をも征服した。

だが、遺産分割の慣わしがあったフランク族では王が死去すると領土の分裂と統合が繰り返され、クローヴィスの代には広大な領土を誇っていた王国もやがて衰退する。それにともなって力をつけたのが、領地を管理する最高職である宮宰についていたカロリング家だ。

宮宰職を世襲化し、事実上フランク王国の実権を握ったカロリング家は、732年、ピレネー山脈を越えて迫ってきたイスラム勢力の撃退に成功する。キリスト教世界の守護者として名を挙げ、ローマ教皇との結びつきを強固なものにした。

さらに、メロヴィング朝を廃止し、751年にはローマ教皇の支持を受けてカロリング朝を創設。名実ともにフランク王国の支配者となったのだ。この返礼として、カロリング朝の初代王に就いたピピン3世（小ピピン）は、イタリア半島北部を支配していたロンバルド王国のラヴェンナ地方を2度にわたって攻略し、ローマ教皇にその土地を寄進している。

やがてピピンの子であるカール大帝の時代になると、ドイツ諸公国などを併合してその国境

◆フランク王国の分裂

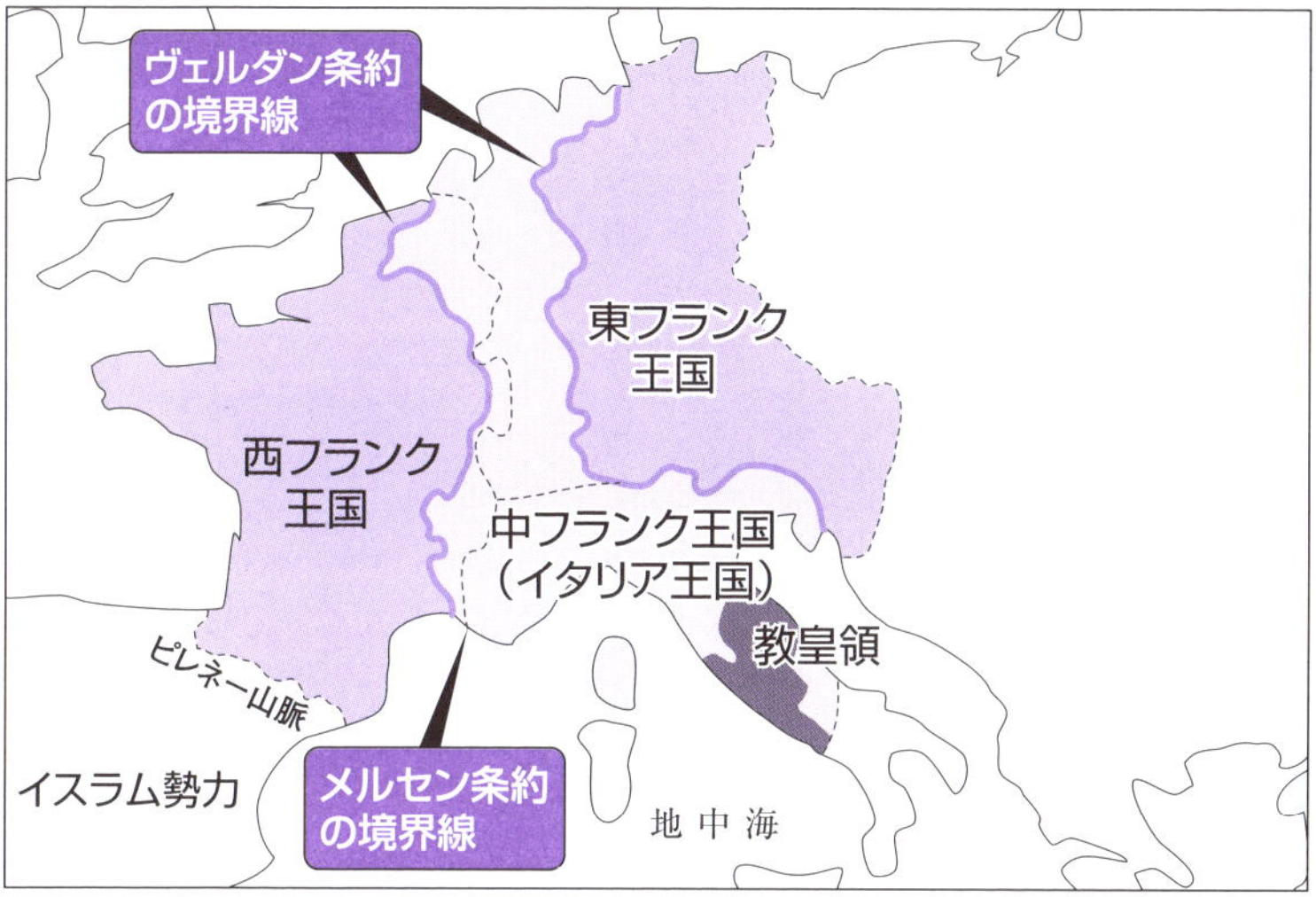

線を大きく東に広げた。

その手腕に目をつけたローマ教皇レオ3世は、800年のクリスマスに聖ペテロ教会でカール大帝に戴冠し、「西ローマ帝国皇帝」の称号を与えたのだ。

だが、カール大帝がこの世を去ると、フランク族の遺産分割の習慣が広大なフランク王国の領土をまたもや切り刻むことになる。

その領土は3人の子供に相続され、843年の「ヴェルダン条約」、そして870年の「メルセン条約」で西フランク王国、東フランク王国、中フランク王国の3つに分割されたのだ。

それら3つの国は、現在のフランス、ドイツ、イタリアの原型となって歴史の舞台で存在感を発揮していくのである。

イスラム帝国
イスラム文明の拡がりは世界をどう変えたか

7世紀初頭のユーラシア大陸で、西アジアの大国ササン朝ペルシャと東ローマ帝国が勢力争いをしていた頃、アラビア半島の紅海近くに位置する街メッカではイスラム教が成立した。ある時、山に入って瞑想するムハンマドのもとに、唯一神アラーの使者である天使ガブリエルが降りてきて啓示を授ける。それが、イスラム教の始まりだった。

だが、唯一神アラーへの信仰は、多神教で混沌としていた当時のアラブ社会で反発を招き、ムハンマドは富を独占していた商人たちから迫害される。

その迫害から逃れるために622年、メッカを後にしたムハンマドはメディナに聖地を移し、そこで多くの信者を獲得した。630年にはメッカに戻ってこの地を征服し、アラビア半島を統一するのだ。

その後、632年にムハンマドが死去すると、初代カリフ（イスラム国家の指導者）にアブ

◆イスラム帝国の最大領域

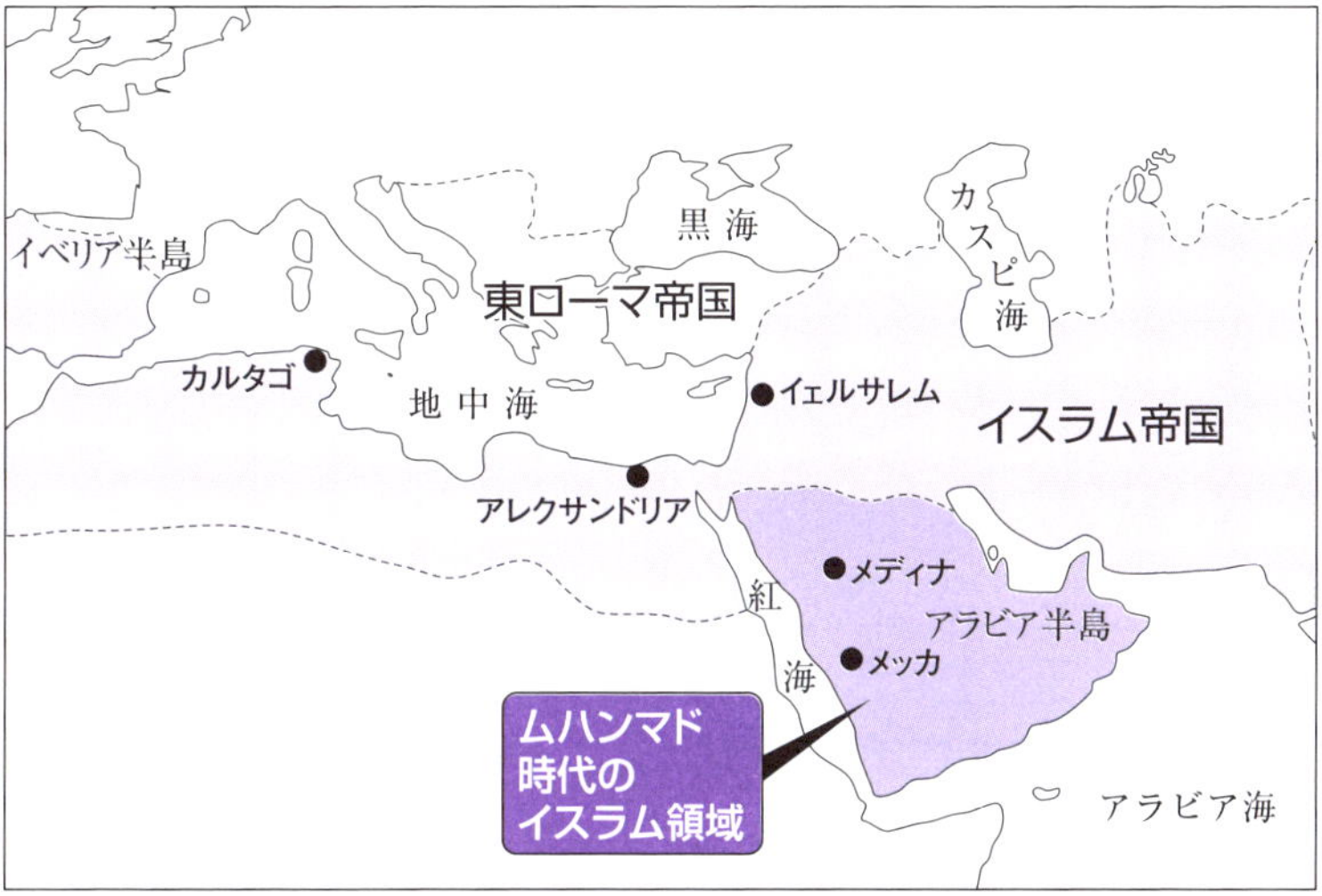

ー・バクルが就任。ここから第4代カリフのアリーが暗殺されるまでは正統カリフ時代と呼ばれ、この約30年間に聖戦（ジハード）によるる大征服を行ったイスラム軍は、ササン朝ペルシャを倒し、その領域を中央アジアから北アフリカにまで拡大した。

そして、661年に正統カリフ時代が終焉を迎えると、メッカ出身のウマイヤ家の一員で、シリアの総督だったムアーウィヤがカリフ権を獲得。史上初のイスラム帝国であるウマイヤ朝が誕生したのだ。

ウマイヤ朝は711年には北アフリカの対岸にあった西ゴート王国を滅ぼし、イベリア半島にまで進出する。イスラム帝国はこの時、その版図を最大にした。

だが、アラブ人至上主義でアラブ人を優遇

してきたウマイヤ朝の体制が、全イスラム教徒の平等を説いたコーランに反するとして、反ウマイヤ朝運動が勃発したのだ。

そして、750年に革命が起こり、ウマイヤ朝は非アラブ人に支持されたアッバース家によって倒される。アッバース朝は、762年に新都バグダードの建設にとりかかり、バグダードは9世紀にかけて人口100万人を抱える大都市に発展するのである。

だが、官僚を中心とした中央集権的手法は上下関係を生み出し、巨大化した帝国内部では反乱が起きて、各地に独立王朝を樹立した。

イランのサッファール朝、エジプトのトゥールーン朝、そしてチュニジアのファーティマ朝などが次々と成立し、イスラム帝国は事実上、分裂する。

だが、この分裂はイスラム世界のさらなる拡大を意味していた。

10世紀半ばにはインド北部にイラン系ガズナ朝が成立し、11世紀に入るとイスラム教に集団改宗したトルコ人によるセルジューク朝が樹立する。北アフリカのチュニジアではベルベル人の改宗が進み、11世紀にムラービト朝が成立している。

次々に誕生したイスラム勢力はキリスト教十字軍との戦いでも衰えることはなく、13世紀にユーラシア大陸を支配したモンゴル帝国の一部をもイスラム化させ、その勢力を拡大していくのである。

モンゴル帝国

ユーラシア大陸全域に及んだ史上空前の大帝国

人類の長い歴史のなかで、他に類をみない広大な領土を誇ったのがモンゴル帝国である。この巨大帝国の創始者で、数十万の兵を率いたのがチンギス・ハンだ。

北アジアの草原地帯の小さな部族に生まれたチンギス・ハンは、幼少名をテムジンといった。テムジンがチンギス・ハンと名乗ったのは、１２０６年、モンゴルの草原の覇者となった時である。「ハン」は、遊牧民部族の集団の長を指す。

つまり、１２０６年がモンゴル帝国の元年にあたり、この時チンギス・ハンは40代半ば過ぎだったと推測されている。

そんな〝遅咲きの英雄〟が最初に攻めた大国は、現在の中国の北部から黄海にかけて勢力を伸ばしていた金王朝だ。

この頃の金は、国力に陰りが見え始めていた。2年にわたる南宋との戦いなどで軍が疲弊し、飢饉や疫病が蔓延した王国には強力な指導者もなく、その体制はかなり弱体化していたのだ。モンゴル軍が、そんな金を倒すのは容易だった。あっけなく金を破ると、次にチンギス・ハンは西の大国、ホラズム王国に向かう。

ホラズム王国は、中央アジアからイラン高原に至る地域を支配していたイスラム国で、東に隣接するアッバース朝への攻略の機会をうかがっていた。

そこへ1219年、チンギス・ハンが20万の兵を率いて襲来し、イスラムの雄であったホラズム王国をわずか2年の交戦で崩壊させる。こうして北中国からイラン高原までを手中に収めたモンゴル帝国は、史上空前の大帝国として姿を浮かび上がらせた。

だが、チンギス・ハンは大遠征から帰国後、1227年にこの世を去る。遺産である129の千人隊は、その3人の弟と4人の息子たちに分与されることになり、四男トゥルイが101隊という圧倒的な数を受け継いだ。

だが、トゥルイはモンゴル帝国の後継者に就くことなく死去。2代目のハン位についた三男のオゴタイは長兄の息子バトゥに陣頭指揮を執らせて、1240年に南ロシアのキエフを攻略し、その翌年にはドイツ・ポーランド連合軍に勝利してハンガリーにも歩を進める。また、トゥルイの息子であるフラグは、バグダードを占領してアッバース朝を倒した。

こうしてチンギス・ハン没後も領土を拡大し続けたモンゴル帝国は、5代目フビライ・ハン

◆モンゴル帝国の最大領域

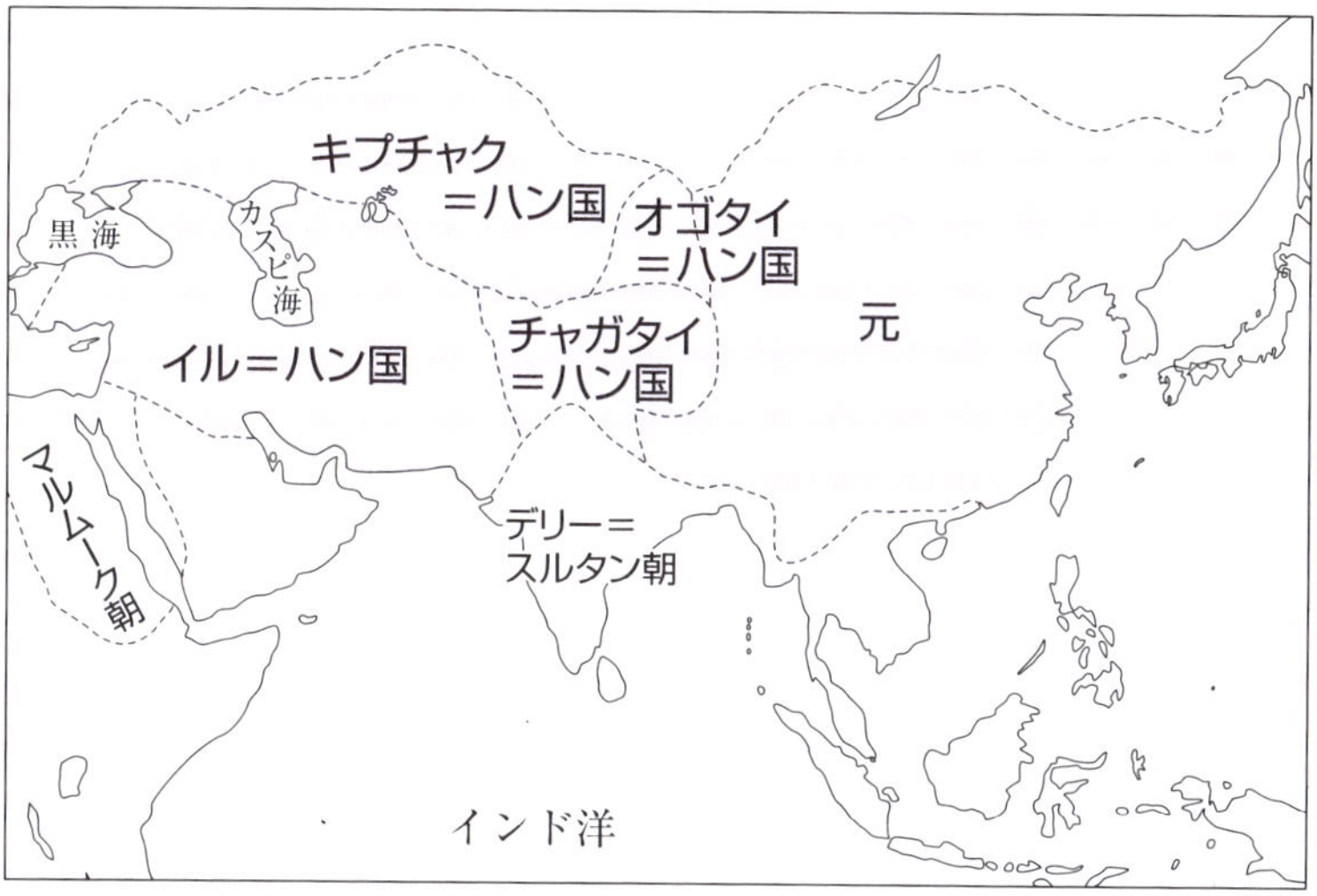

の時代に頂点を極める。

フビライはアッバース朝を倒したフラグの弟で、フラグの中東攻略と時を同じくして東アジアの南宋を攻略した。

この頃、モンゴル帝国の一部ではチンギスの子孫らが４ハン国（オゴタイ＝ハン国、チャガタイ＝ハン国、キプチャク＝ハン国、イル＝ハン国）を形成し、フビライが東アジアに中国風の王朝「元」を打ち立てると、軍に推されてモンゴル帝国の大ハン位に就いた。

だが、巨大帝国の輝きは永遠のものではなかった。その後、４ハン国は内紛や近隣国からの圧迫により衰退していく。

元もまた、１世紀にわたって中国を支配したものの、朱元璋《しゅげんしょう》率いる明《みん》によってモンゴル高原へと追いやられるのだ。

オスマン帝国

イスラム世界の頂点に立ち、ヨーロッパを席捲した強国

13世紀のアナトリア半島は、ヨーロッパ側の勢力である東ローマ帝国とアナトリア地方を拠点とするルーム・セルジューク朝の国境が置かれており、群雄が割拠している状態にあった。その一角に、ルーム・セルジューク朝に仕えていたオスマンが独立国を建国する。オスマンはイェニチェリ（新軍）を創設するとヨーロッパ側に渡り、東ローマ帝国のアドリアノープルを占領して遷都する。1396年にはニコポリスの戦いでヨーロッパ連合軍（十字軍）を破り、勢いに乗るのである。

だが、東には強敵があった。建国以来、疾風のごとく勢力を伸ばしてきたティムール朝だ。1402年、アンカラの戦いでティムール朝に敗れたオスマン帝国は、滅亡の危機にまで追い込まれてしまう。

しかし、オスマン帝国は復活する。第7代スルタンのメフメト2世によって帝国が再興され

◆オスマン帝国の故地と最大領土

ると、その勢いに乗って東ローマ帝国の首都コンスタンティノープルをその手に収め、約1500年続いた東ローマ帝国を滅ぼす。コンスタンティノープルはイスタンブールと改められ、オスマン帝国の首都となったのだ。それ以降もオスマン帝国は版図を次々と拡大し、1460年にギリシャを併合すると、さらにエジプトを占領してマムルーク朝を滅亡させる。

帝国が絶頂期を迎えたスレイマン1世の治世には、モハッチの戦いでハンガリーを占有し、1529年には第1次ウィーン包囲でオーストリアにも侵攻した。その時のオスマン帝国の領土は古代ローマ帝国の領土の4分の3にも達している。

スレイマン1世のもと帝国がこのように順調に発展したのは、異民族の信仰や言語を強制することなく自由を保障し、自治を認めたことにある。そうした政策が功を奏し、ヨーロッパ諸国をも圧倒する最強の帝国となったのだった。

だが、スレイマンがこの世を去ると1683年の第2次ウィーン包囲に失敗する。1699年にはカルロヴィッツ条約でオーストリアにハンガリーを割譲するなど、国力を徐々に衰退させていくのだ。そして、1919年にトルコ革命（祖国解放戦争）が勃発し、それに乗じたヨーロッパ列強に領土を分割、占領される。

さらに、1922年にスルタン（イスラムの君主）制が廃止されると、623年続いたオスマン帝国は解体され、その名を歴史の中だけに留めることになる。

レコンキスタ

「国土回復運動」でイベリア半島に誕生した2つの王国

ユーラシア大陸の西の果てにあるイベリア半島には、現在スペインとポルトガルという2つの国がある。これらの国は、西ヨーロッパのキリスト教世界の国々とは趣が違っていて、かつては「ピレネー（山脈）の向こう側はヨーロッパではない」ともいわれてきた。その理由は、この地がイスラム教と深い関わりを持っていたからだ。

ローマ帝国時代、イベリア半島はヒスパニアという名の属州のひとつだった。

だが、395年のローマ帝国の東西分裂後、西ローマ帝国領はゲルマン人に支配される。イタリア半島の北半分にはオドアケル王国、内陸にはブルグント王国、そしてイベリア半島には西ゴート王国など、その領土内にはゲルマン人を王とする王国が樹立するのである。

そして、西ローマ帝国はわずか81年で滅亡し解体されるのだが、この時点まではイベリア半島もゲルマン族に支配された「同じヨーロッパ」だったのだ。

だが、８世紀に入るとその状況は一変する。７５０年、北アフリカから西アジアまでの一帯を支配していたイスラム初の帝国・ウマイヤ朝がアッバース朝によって倒されると、ウマイヤ一族がイベリア半島に逃れてきた。

そして７５６年に西ゴート王国を倒して、後ウマイヤ朝を樹立する。イベリア半島のイスラム化が始まったのだ。

そんななか、半島北部からキリスト教徒によるレコンキスタ（再征服運動）が起こる。

１０３１年、宮廷内の権力闘争によって後ウマイヤ朝が滅亡するとレコンキスタが本格化し、イスラム勢力をイベリア半島の南端へと追いやることに成功した。

キリスト教徒がイスラムから奪回した領地には、ポルトガルやアラゴンなどいくつかのカトリックの国が誕生したが、その中でレコンキスタの主導的役割を果たしたのがカスティリャ王国だ。

そして、１４７９年、カスティリャ王女イザベル1世とアラゴン王フェルナンド5世の結婚によりスペイン王国が誕生すると、勢いに乗ったスペイン王国は、イベリア半島南端のグラナダに唯一残っていたイスラムのナズル朝を撃退。１４９２年にレコンキスタを完了させたのだ。

ちょうどその頃、コロンブスがイザベル女王のもとを訪れ、航海の支援を要請した。時は、大航海時代へと乗り出したのである。

◆レコンキスタの進展

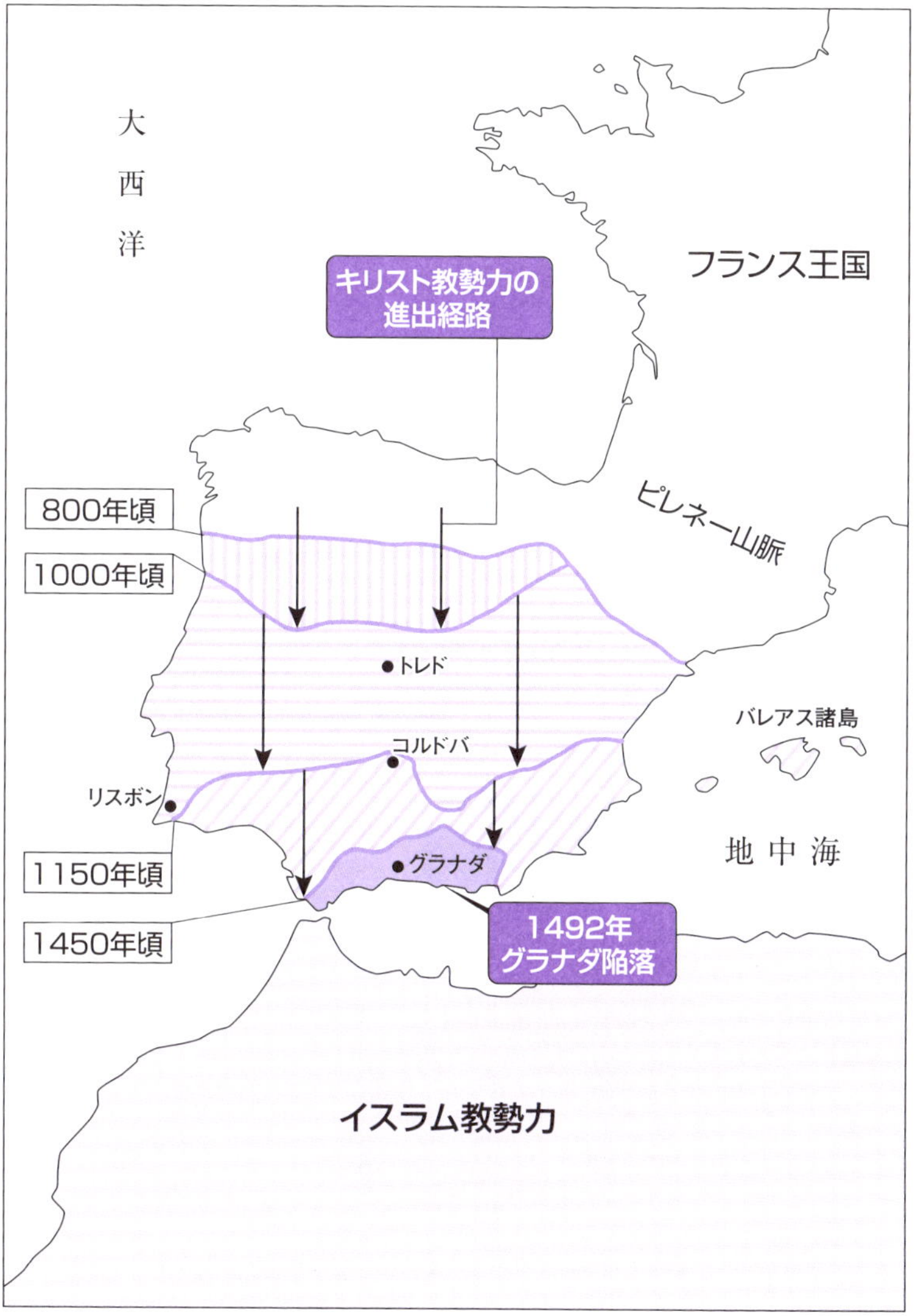

大西洋
フランス王国
キリスト教勢力の進出経路
800年頃
1000年頃
ピレネー山脈
トレド
バレアス諸島
コルドバ
リスボン
地中海
グラナダ
1150年頃
1450年頃
1492年グラナダ陥落
イスラム教勢力

大航海時代

世界を手中に収めたスペイン、ポルトガルの「軌跡」

１４９２年、スペインの女王イザベル１世のもとに現れたコロンブスは、世界航海するにあたり援助を求めた。３隻の船の用意と、発見した土地から上がる収益の10分の１を保障することなどを求めて交渉し、協定を結ぶことに成功する。そして同年８月３日、パロス港を出航し、大西洋を越えてアメリカ大陸に到達した。

一方、それより前から航海を事業として推進していたポルトガルは、黄金や奴隷を求めて早々とアフリカ大陸に乗り出していた。１４８８年にはバルトロメウ・ディアスが最南端の喜望峰に到達し、１４９８年にはヴァスコ・ダ・ガマがインド航路を発見している。

両国の航海熱が高まるなか、船団の到着する先々で両国の争いが起こるようになる。そこでローマ教皇は子午線を境界線に、ヨーロッパ以外の世界をスペインとポルトガルに分けた（教皇子午線）。それをもとに、両国の間で結ばれたのがトルデシリャス条約である。

◆大航海時代のポルトガル・スペインの支配地域

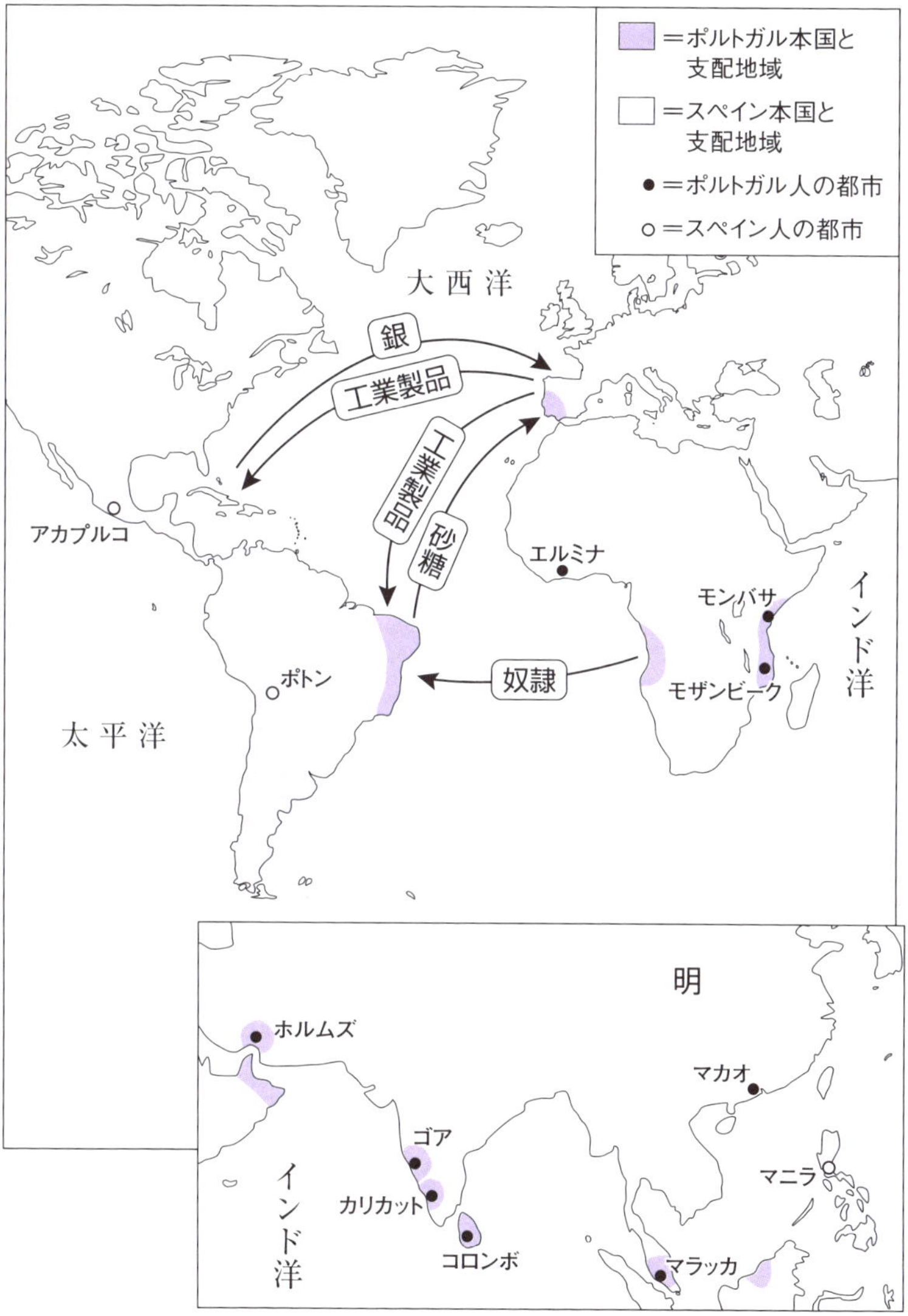

ブラジルが南米で唯一のポルトガル語圏となったのは、トルデシリャス条約の境界線が南米大陸をブラジルとそれ以外の南米の国に分けたためだ。

ポルトガルはブラジルを征服して植民地にすると、次にアジアをめざした。1510年にはインドのゴアを占領し、その翌年にはマラッカとセイロン島を発見、1517年には中国の明との交易を開始しアジア進出を果たす。

一方、境界線によって南北アメリカ大陸のほとんどで活動の場を得たスペインは、発見した「新大陸」の名をアメリカと名づけ、新大陸の経営に乗り出す。

そして、南米のアステカ帝国とインカ帝国に侵入し、中南米に脈々と続いていた文明を滅亡に追い込むのだ。

こうして世界を二分して繁栄した2国だったが、その力関係はスペインが上回った。フェリペ2世が1580年に実力でポルトガルを併合するのだ。

だが、植民地帝国スペインの繁栄は長くは続かなかった。オスマン帝国やイギリスとの海戦に敗れ、さらには重税に反発したオランダが独立戦争に乗り出したのだ。それはドイツから興った宗教改革と重なり、戦火は拡大していった。

約80年にわたる戦争の末、独立を手にしたオランダは、最先端の造船技術で国際社会の舞台に踊り出る。その後イギリス、フランスが追い上げる形で世界の覇権は移り変わっていくのだ。

ハプスブルク家の興亡

西ヨーロッパに君臨した王家の系譜

約8・4万平方キロメートルという国土だけを見ればオーストリアはヨーロッパの小国だが、そこには約650年間にわたって君臨したハプスブルク家の遺産、シェーンブルン宮殿が現存する。

ハプスブルク家は、もともとスイスを流れるライン川上流に領地を所有していた小さな伯爵家だった。そんな一家が歴史の舞台に踊り出たのは13世紀。ロドルフ4世が神聖ローマ帝国の皇帝になった時である。神聖ローマ帝国は、フランク王国がその慣わしによって領土を遺産分割した際に生まれた東フランク王国がその原型となっている。

東ローマ帝国に対抗する西ローマ帝国の復活を望んでいた教皇が、かつてその流れを汲む国としてフランク王国のカール大帝に戴冠した「ローマ皇帝の冠」を東フランク王国のオットー1世の頭上に載せ、962年神聖ローマ帝国が誕生した。東フランク王国は、いわばローマ教皇に選ばれた国だったのだ。

だが、オットー1世の死後、皇帝と教皇の間に確執が生まれ、1256年から17年間、皇帝不在の「大空位時代」が続く。そんな空白の時を経て誕生したのが、ハプスブルク家から送り出されたロドルフ4世（皇帝名ロドルフ1世）だ。

さらに、それまで諸侯の中から選ばれていた神聖ローマ帝国の帝位を世襲化し、ハプスブルク家の手腕で帝国の領土を拡大していく。ハプスブルク家の領土獲得策が他と大きく異なっていたのは、戦いではなく政略結婚によってその領域を拡大していくところにあった。

1508年にマクシミリアン1世が皇帝に就くと、政略結婚による領土拡張が本格化する。マクシミリアン1世の孫にあたるカール5世の時代にネーデルラント、ナポリ王国、そしてすでに中南米を植民地化していたスペイン王国とも姻戚関係を結んで王位を継承したハプスブルク家は、まさに世界に君臨する王家になったのである。

その後、領土はカール5世とその弟のフェルディナントによって、スペイン系ハプスブルク家とオーストリア系ハプスブルク家に分割して継承されていく。

両家は分割後も領土を拡大し、特にスペイン系ハプスブルク家は「レパント沖の海戦」でオスマン帝国を破り、地中海の制海権をも手中に収めるほど発展した。

だが、16世紀中頃にルターによる宗教改革が始まると、スペイン系ハプスブルク家によって

◆絶頂期のハプスブルク家の領土地図

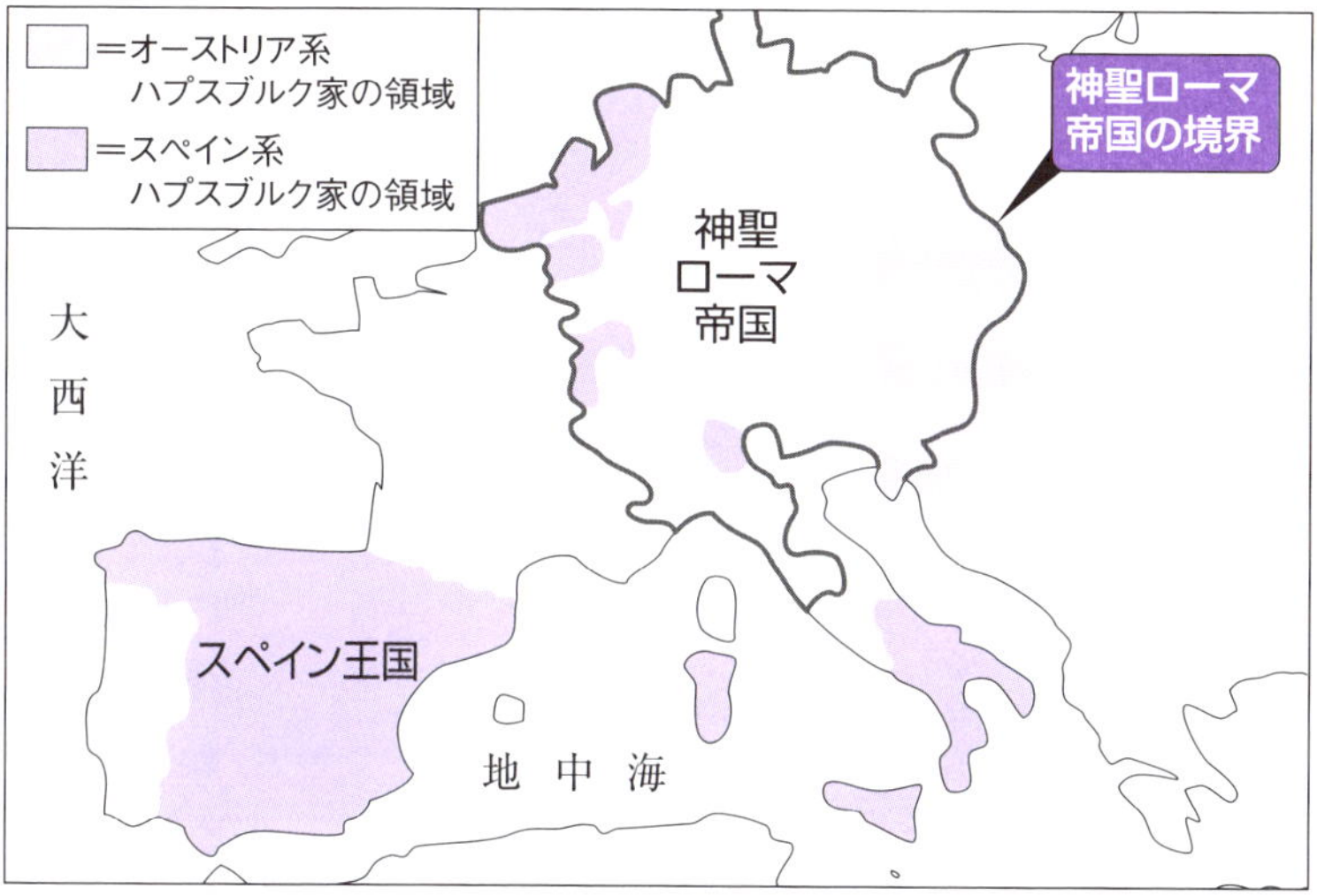

カトリック化政策がとられていたネーデルラントで新教徒（プロテスタント）の反乱が起こる。

また、1588年にスペイン軍の無敵艦隊がイギリスに敗れて海上権を失うと、太陽の沈まぬ国といわれたスペインの輝きはしだいに失われていくことになる。

一方、神聖ローマ帝国の皇帝の座に就いていたオーストリア系ハプスブルク家も新教徒の反乱に遭い、そこから始まる三十年戦争を皮切りにオーストリア継承戦争でも周辺国の打撃に遭う。

さらにはナポレオンの登場により神聖ローマ帝国という国さえ失い、第一次世界大戦の終結と時を同じくしてヨーロッパからその名を消滅させたのである。

三十年戦争

「危機」を乗り越えて誕生した新しい国家の「枠組み」

17世紀に入ると、ヨーロッパでは列強国間の戦争が相次ぎ、各国の国境線は次々に塗り替えられていくことになる。そのきっかけとなったのが、16世紀中頃、ルターが「95カ条の論題」を掲げて始まった宗教改革だ。

カトリック教会は、その財源を確保するために信者の死後の救済を約束するものとして免罪符を販売していたが、それが15世紀末になって大量に発行されるようになると、ルターは教会による単なる金集めの手段だとして批判したのだ。

その後、ルターらはカトリックに対抗する新しいキリスト教宗派（プロテスタント）を生み出す。自らの正当性を主張する両者の対立は激化し、血なまぐさい宗教戦争となって、やがてヨーロッパ各地に広がっていった。

全ヨーロッパを巻き込んだ大戦「三十年戦争」は１６１８年からの30年間、神聖ローマ帝国

◆主権国家の集合体となった神聖ローマ帝国

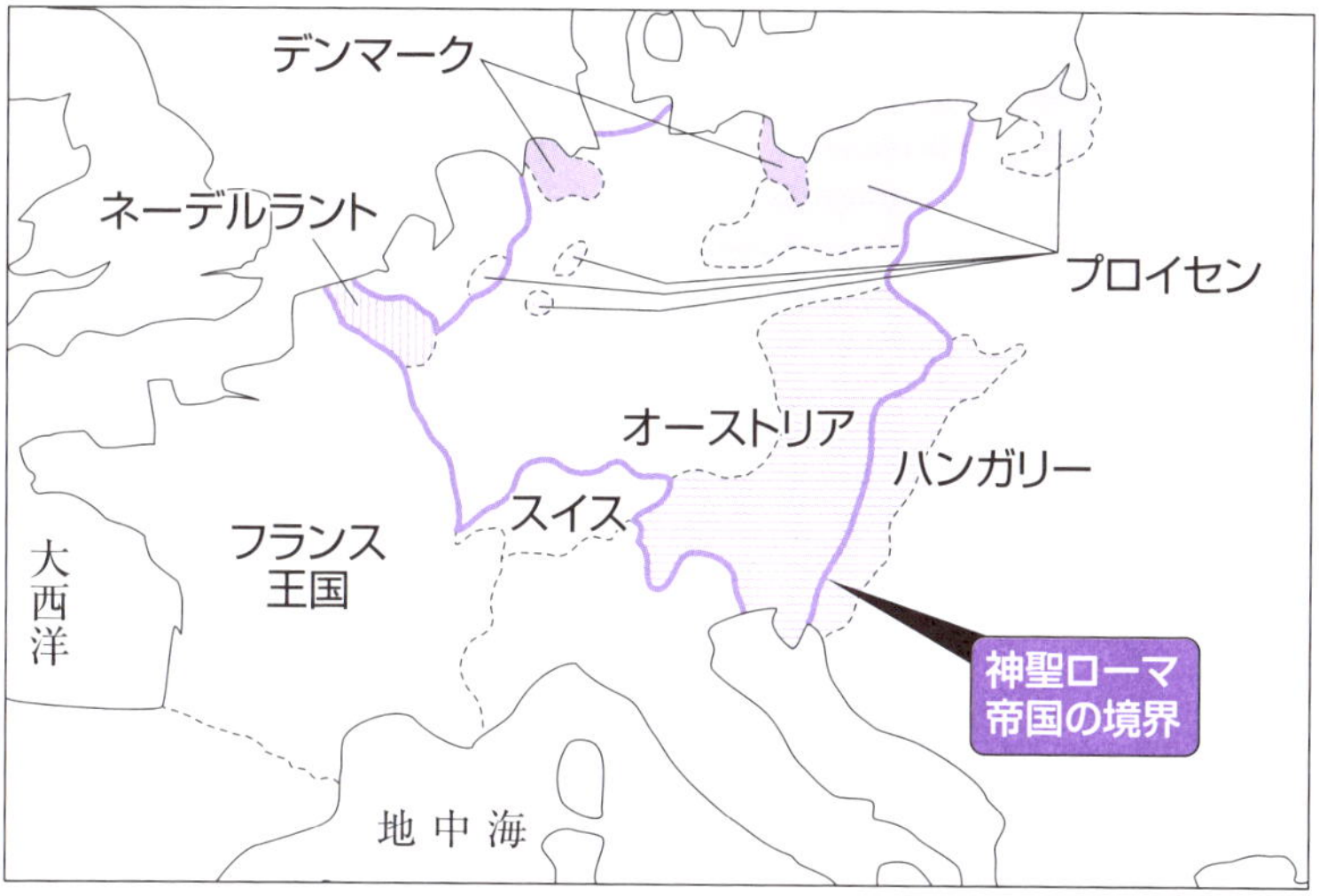

を舞台に繰り広げられた。

この戦いは、始まった当初こそキリスト教の旧宗派であるカトリックと新宗派のプロテスタントによる戦いだったが、争いが長引くにつれてそれはヨーロッパにおける権力闘争へと様相を変えていく。

ローマ教皇の戴冠を受け、神聖ローマ帝国の皇帝を世襲してきたハプスブルク家は、プロテスタントにとっては最大の敵だった。それに対してデンマーク、スウェーデンといったプロテスタントの列強国が立ち上がったことで国際戦争に発展したのだ。

さらに、反ハプスブルク勢力として、カトリックの国であるフランスのブルボン朝も参加するようになる。ブルボン朝にとって、ハプスブルク家は宗教上の敵ではなかったが、ヨーロッパの覇権を狙う強大な敵として、その勢力を奪っておきたい相手だったのだ。

そして、三十年戦争終結のためのウェストファリア会議（1648年）では、フランスやスウェーデンにハプスブルク家が支配していた領地が分けられ、スイス、オランダの独立が承認された。神聖ローマ帝国はその名と境界線を保ちながらも、さまざまな領土が組み合わさる主権国家の集合体となったのだ。

さらに、三十年戦争はプロイセンという強大な新勢力をも生み出した。

プロイセンは、もとは神聖ローマ帝国から独立した主権国家のひとつにすぎなかったのだが、幸いにも三十年戦争の激しい戦災から逃れたため、まだ各国が痛手から立ち直っていない戦後間もなくから勢いに乗ることができたのだ。

だが、プロイセンの領土は一塊《ひとかたまり》ではなく、バルト海近くに散らばる形で存在していた。領土をつなぎ合わせるために戦争と侵略を繰り返す必要があったプロイセンは、やがてヨーロッパの軍事大国へと変貌していくのである。

一方、ポルトガル、スペインに始まり、オランダへと移り変わっていた世界の海上覇権は、1652年に始まった英蘭戦争に勝利したイギリスに渡すことになる。

広大な植民地帝国を築いたイギリスは、やがて迎える産業革命で「世界の工場」へと上り詰め、圧倒的な影響力を誇るようになるのである。

フランス革命とナポレオン

大陸制覇の道を邁進したナポレオン帝国の全貌

ブルボン朝の第5代皇帝ルイ16世が治めていた18世紀末のフランスは、アメリカ東部で勃発した独立戦争への支援と折りからの凶作が重なり、国家財政はもはや破綻の危機にあった。

そこで、国王は免税特権を持っていた聖職者（第1身分）や貴族（第2身分）への課税を試みたが反対に遭い、それが引き金となって平民（第3身分）の反乱が起こる。1789年、フランス革命の幕開けだった。

近隣国のオーストリアやプロイセンは革命が自国に波及することを恐れ、反革命を掲げてフランスへの干渉を始める。

さらに、1793年に起きたルイ16世の公開処刑に衝撃を受けたオーストリアやプロイセン、イギリス、ロシアは、イギリスのピット首相の呼びかけに応え対仏大同盟を結成。やがて近隣国をも巻き込んだ革命戦争に発展することになる。

そんな混乱を極めたフランス社会に登場したのが、革命軍の指導者ナポレオンだ。革命軍でその能力を高く評価されていたナポレオンは、王党派（聖職者、貴族）が起こした反乱を鎮圧し、政権を奪取する。統領政府を打ち立てると第一統領に就任した。

そして、革命による混乱を収めると、国民の自由を保障する「ナポレオン法典」を公布し、初代皇帝の座に就いたのだ。

皇帝に就任したナポレオンは「ナポレオン1世」と称し、大陸制覇に向けて動き出す。その強大な軍事力でポルトガル、スウェーデン、イギリスを除くヨーロッパのほぼ全域を支配したナポレオンの帝国は絶頂を極めた。

だが、その野望の前に強国イギリスが立ちはだかる。両国は１８０２年に革命理念や自由平等の精神を大陸に広めるべく「アミアン条約」を結んだが、イギリスは翌年になると条約を破棄する。大陸を市場として確保したいというフランスの思惑を察知し、警戒心を抱いたからだ。

両国の対立はトラファルガー沖の海戦にまで発展し、敗退を喫したナポレオンは、「大陸封鎖令」を出してイギリスと大陸諸国との通商を禁止した。

しかし、「世界の工場」といわれたイギリスとの通商が途絶えた大陸諸国は経済的な混乱に陥り、次々とフランスから離反する。これによって、ナポレオン帝国は一瞬にして崩壊することになる。

◆ナポレオンの支配下に置かれた国

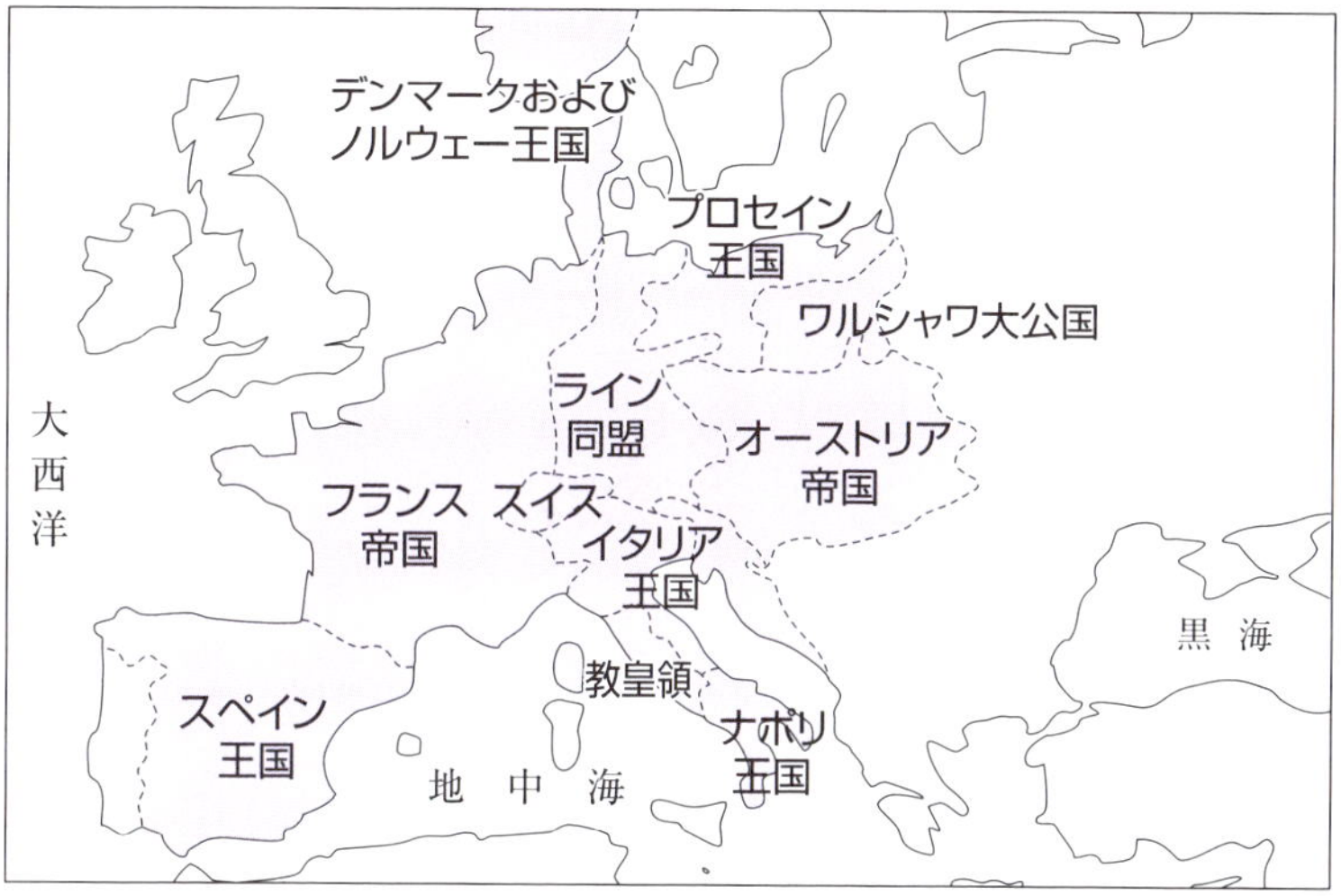

1814年、ナポレオンが失脚した後のフランスは、ルイ18世が皇帝に即位したことで王政が復活。フランス革命とナポレオン戦争による混乱を収拾すべく、ヨーロッパ諸国の代表が集まってウィーン会議が行われ、スペインには旧王朝が復活した。

フランスでも革命前の政治秩序を正統と見なす正統主義が原則とされるなど、ナポレオン以前の体制に逆戻りするかに思われた。だが、こうした保守派に対して、特権階級などの廃止を求めた自由主義の運動がヨーロッパ各地で起こり始める。

それは、同時期にイギリスの植民地支配を退けたアメリカ合衆国の独立と重なって、民族の独立意識を高めていくことになるのである。

帝国主義の時代

アジア、アフリカを植民地化したヨーロッパの列強国

15世紀末、東方の富を求めて大航海時代が幕を開けると、列強国がこぞって世界中に乗り出した。やがて、17世紀に入るとイギリスやフランスは植民地争奪戦を繰り広げながら、北米やインドにその領土と市場を拡大していく。

こうした海外進出を支えたのが、イギリスの産業革命に始まった欧米諸国の工業化で得た資金だった。1776年にイギリスから独立したアメリカも工業化に乗り出すと、経済発展の波は世界中に押し寄せた。

だが、1873年に起きた大恐慌によって急速に経済は冷え込んでいく。ドイツやアメリカは企業の吸収や合併によって資本の独占化を進めて不況に立ち向かったが、それに乗り遅れたイギリスやフランスは植民地の重要性を見直し、世界に勢力圏を確保する策に出た。軍部を拡大して、再びアフリカやアジアに乗り出したのである。

◆帝国主義国に分割されたアフリカ・アジア諸国

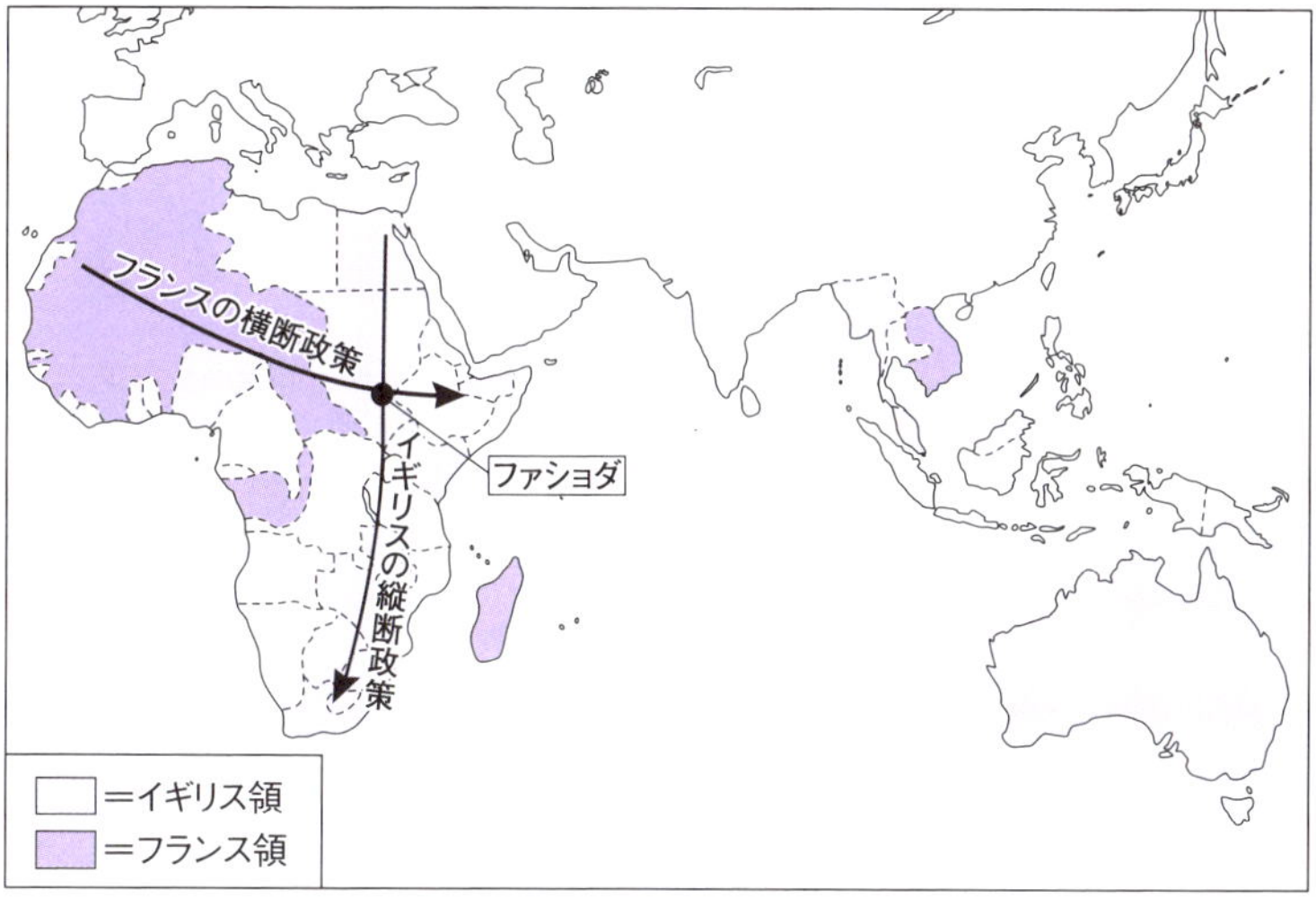

イギリスやフランスがめざしたアフリカ大陸は、沿岸地域こそ大航海時代に植民地化されていたが、内陸部はまだまだ未知なる領域であった。

そこに19世紀半ばから探検家や宣教師が入って本国に情報をもたらすようになると、工業資源にあふれたアフリカ大陸はヨーロッパ各国の垂涎《すいぜん》の的になる。

1883年、先手を打って「コンゴを領有した」とベルギーが宣言すると、各国は不満の声を上げ、ドイツの首相ビスマルクの仲介によってベルリン会議が開催されることになった。

ここで決定したのは、アフリカは無主の地であり、先に占領した国がその領土を獲得できるという「先占権」だった。

こうして、アフリカの分割が始まると北のエジプトと南のケープ植民地を結ぶイギリスの「縦断政策」に対して、フランスはサハラ砂漠から東岸を植民地化する「横断政策」を展開する。

両国の狙いが重なり合ったスーダンのファショダで衝突が起きたが、スーダンをイギリス領とする代わりに、モロッコをフランス領とする妥協案で合意するなど、大陸はヨーロッパ人に分割され、所有されることになる。

そして、アジアにもまた列強国の侵略の手が伸びる。フランスがベトナムとカンボジアを支配して仏領インドシナが成立すると、イギリスはビルマとマレー半島、そしてオーストラリアとニュージーランドをその自治領とした。

また、アメリカはフィリピン、グアム、ハワイを米西戦争で獲得し、太平洋海域に広大な勢力圏を確立する。ドイツも東部ニューギニア諸島などを獲得した。

さらに20世紀になると、タイ王国を除いたすべての東南アジアと太平洋海域の国が欧米の帝国主義国によって支配されることになる。だが、こうした帝国主義国の領土争いは、やがて世界の覇権をめぐる対立に発展する。

国同士の対立を避けるため、ドイツ、オーストリア、イタリアは１８８２年に三国同盟を結ぶと、１８９１年にはロシアとフランスが露仏同盟を結ぶ。そして、その対立は激化の一途をたどり、情勢は世界大戦へと向かっていくのだ。

第一次世界大戦

波乱の20世紀はいかに幕を開けたか

１９１４年、バルカン半島のボスニアの首都サラエボで、オーストリアの皇太子夫妻が殺害されるという衝撃的な事件が起きた（サラエボ事件）。

当時のバルカン半島は、トルコ革命でオスマン帝国から独立した各国が大セルビア主義、大ギリシャ主義、大ブルガリア主義といった偏狭的な民族主義を掲げて対立していた時期である。

さらに、帝国主義政策を掲げる西欧諸国の利害が絡み合い、〝ヨーロッパの火薬庫〟といわれる緊迫した状態に陥っていたのだ。そんな最中にサラエボ事件が起きてバルカン半島に火がついた。

まず、ドイツの協力を得たオーストリアがセルビアに宣戦する。それに対して、セルビアを支援していたロシアは総動員令を出して対抗に乗り出した。

さらに、ドイツは敵対していたフランスとロシアにも宣戦し、フランスをめざして中立国のベルギーに入るのだ。だが、それを中立国への侵犯であるとしてイギリスがドイツに宣戦し、各国が戦渦に巻き込まれていくことになる。

こうして、ドイツ・オーストリアの「同盟国」対イギリス・フランス・ロシアの「連合国」の戦いは、アメリカやアジア、アフリカ諸国をも呑みこんだ第一次世界大戦へと発展していくのである。そして、戦争末期にはロシアとドイツで革命が起こる。

1917年、ロシアでパンと平和を求めた労働者や兵士がゼネストを起こして評議会（ソビエト）を結成し、国会では臨時政府によりロマノフ王朝の皇帝ニコライ2世が退位を迫られるのだ。こうして、ロシア帝国は約300年に及ぶ歴史を閉じ、混乱の最中、ソビエト政府が樹立する。

さらに、1918年11月にはドイツ革命が起こり、ドイツと連合軍の間に休戦条約が結ばれる。これによって第一次世界大戦は終結し、翌年、パリ講和会議が開かれた。

だが、講和会議といっても敗戦国のドイツとオーストリアは招待されず、ソビエトの姿もない戦勝国同士の集会というべきものだった。

この会議でイギリス、フランス、アメリカはドイツの再興を防ぐとともに、社会主義国となったソビエトをヨーロッパから封じ込める思惑もあって、敗戦国の旧領土の国々を次々と独立させた。

これにより誕生したのが、ハンガリーやポーランド、チェコスロバキアなどの8カ国だった。こ

◆ヴェルサイユ体制で引かれた国境線

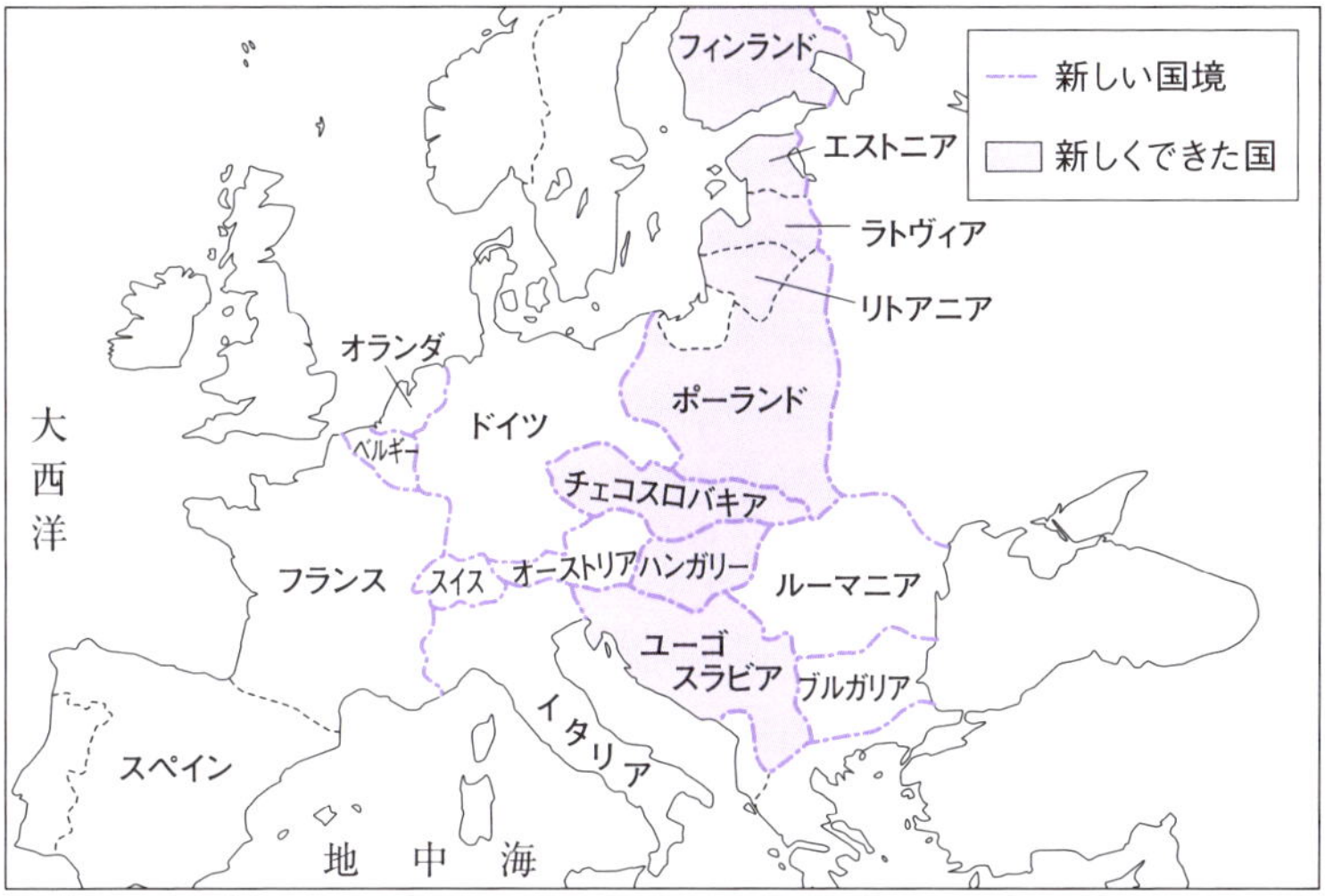

れらの国々は「東欧」と呼ばれ、連合国が並び立つ西側諸国とソ連を隔てる壁になったのである。

また、会議では史上初の国際平和維持機構である「国際連盟」が成立する。だが実情は、戦勝国が互いの利益を主張することに終始するだけの組織だった。

なかでもフランスは、ドイツの勢力を弱体化させるために領土の縮小、植民地の放棄、徴兵制の廃止、多額の賠償金の請求といった講和条件を出し、1919年にヴェルサイユ条約を結ぶ。

だが、こうしたドイツへの過酷な負担が極端な国家主義を誕生させてしまう。それはナチスの政権掌握、そして第二次世界大戦へとつながっていくのである。

第二次世界大戦

連合国VS枢軸国、死力を尽くした世紀の大戦

第一次世界大戦が終結し、1925年にはドイツを含む西欧7カ国が、ヨーロッパの集団安全保障体制に合意するロカルノ条約を結び、国際協調の機運が熟してきたかに見えた。

だが、その平和も1929年、ニューヨーク株式市場の相場が大暴落することによって一気に覆されることになる。

この危機を回避するため、アメリカが海外に投下していた資本の引き上げを始めると、ヨーロッパ各国とその植民地にも波及する世界大恐慌に発展したのだ。

特に第一次世界大戦の敗退から完全には立ち直っていなかったドイツ経済は絶望の淵に立たされ、まさにそのタイミングで台頭してきたのが「大ドイツ主義」を掲げたナチ党だったのだ。

総統に就任したヒトラーは一党独裁体制を確立し、ヴェルサイユ条約を破棄して国際秩序を混乱に陥れる。さらに、強硬な侵略などによって国際的に孤立していたイタリアのファシスト

◆1942年に最大となった枢軸国の占領地

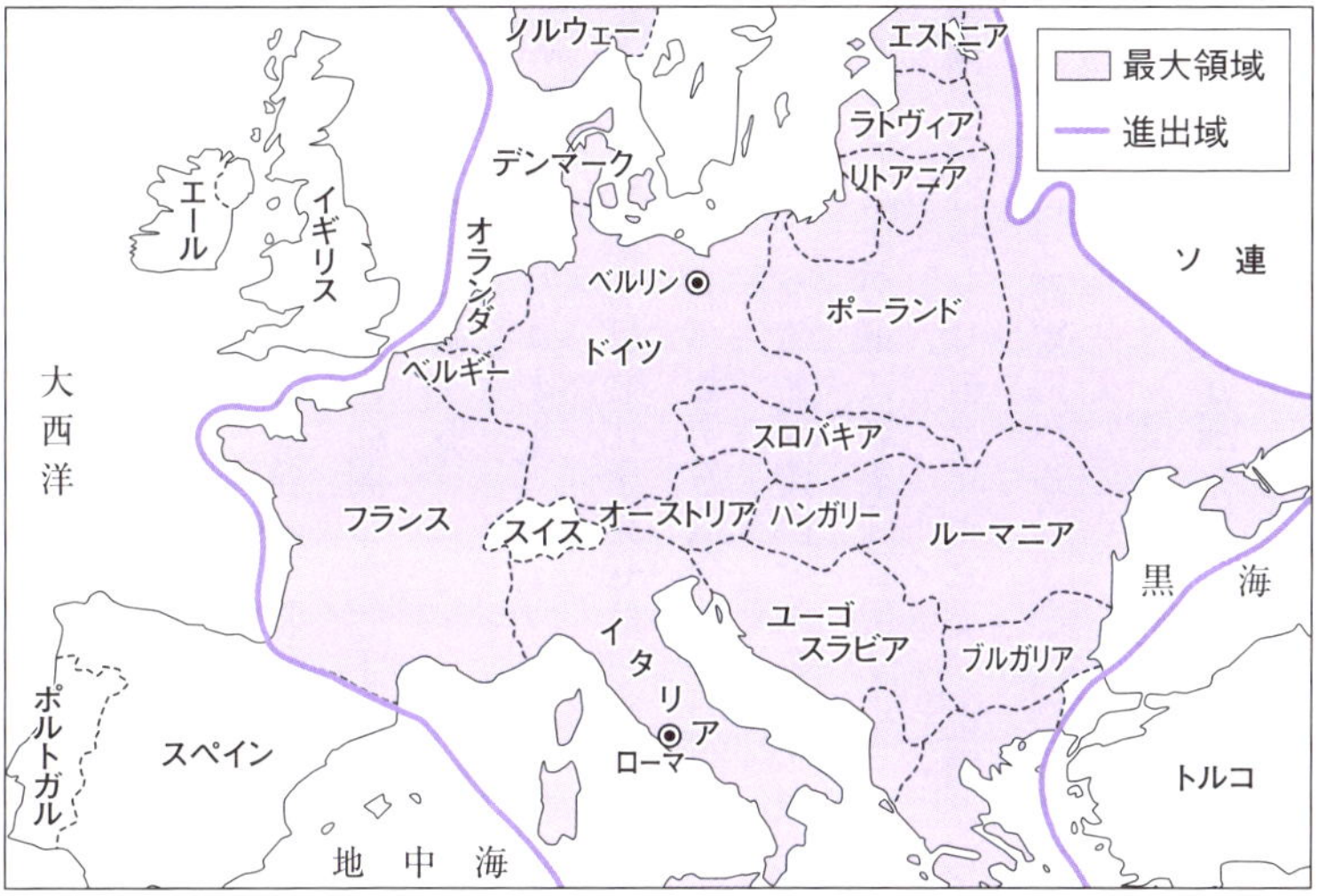

政権や日本との距離を縮め、1936年にベルリン＝ローマ枢軸を結成。1937年には日独伊三国防共協定を結んだのだ。

ドイツ、イタリアの2カ国を枢軸国と呼んだのは、イタリアの独裁者ムッソリーニだった。ベルリンとローマを直線で結ぶと、南北に伸びる直線は地中海から北海までを突き抜ける。この線を枢軸として国際関係が動く、と演説したのだ。

1938年になるとドイツはオーストリアを併合し、その領土とイタリアを合わせるとヨーロッパは完全に分裂した。

西はイギリスとフランス、そして東は東欧諸国とソ連――。枢軸国がヨーロッパを東西に分ける境界線を引いたのだ。さらに、翌1939年になるとドイツはチェコスロバキアを解体して西半分を併合し、東半分を保護領とした。だが、その先に待ち受けているのは大国ソ連である。西側との戦いに専念すべく、ドイツはソ連と独ソ不可侵条約を結ぶ策に出た。世界中を驚かせたこの条約締結後、ドイツはポーランドに侵攻する。ついにフランスとイギリスがドイツに宣戦し、第二次世界大戦が勃発したのだ。

戦局は枢軸国優位に展開した。1940年、ドイツ軍はデンマークやオランダに侵攻し、続いてフランスを占領する。

しかし、翌1941年、ドイツは不可侵条約を結んでいたにもかかわらずソ連に侵攻し、敗退したことで情勢は変化を見せはじめるようになった。

ソ連が英米を中心とする連合国との関係を深めるようになったのだ。

1942年になると同盟国である日本軍がミッドウェー海戦に敗れ、ムッソリーニが失脚したイタリアは連合軍に無条件降伏する。

西側からはアメリカとイギリス、東側からはソ連に攻撃されて行き場をなくしたドイツは、1945年にソ連軍にベルリンを占拠され、無条件降伏する。こうしてようやく戦火は鎮まったのである。

敗戦後ドイツは4分割され、連合国の管理下に置かれる。その後1949年に独立するものの、それは東西ドイツに分裂した国家であり、「冷戦」を象徴する国家の誕生だった。

東西冷戦
2つの超大国を中心に真っ二つに分かれた戦後世界

第二次世界大戦が終結すると、敗戦国となったドイツや日本には戦勝国による制裁が待っていた。

まず戦争指導者が国際軍事裁判で裁かれ、その国土は連合国の支配下に置かれた。さらに、ドイツは国土が4分割され、イギリス、フランス、アメリカ、ソ連に管理されることになる。

第一次大戦以降、世界経済の中心となっていたアメリカは第二次大戦以後も工業力を発展させ、国際社会にあって圧倒的な地位を占めるまでになった。

一方、世界で最初の社会主義国家となったソ連は、社会主義の優位性を説き、資本主義国アメリカに真っ向から対立した。「冷戦の時代」が始まったのだ。

その影響を多大に受けたのはやはりドイツだった。ドイツは1949年に独立するが、アメリカ、イギリス、フランスに管理されていた地域は資本主義国・西ドイツとして、ソ連の管理下にあった地域は社会主義国・東ドイツとして分離独立することになる。そして、ソ連が東欧諸国をもその勢力圏に組み込むと、アメリカは社会主義勢力がさらに拡大するのを阻止するために、共産圏を国際的に孤立させる「封じ込め政策」をとった。

一方、社会主義陣営も次々と対抗策をとったため、西側と東側の対立は深まり、ヨーロッパ大陸には目には見えない「鉄のカーテン」が下された。西側の資本主義国家、東側の社会主義国家という2つの世界に分断されてしまったのだ。

さらに、米ソの対立はアジアにも影響を及ぼす。朝鮮半島は日本の支配から解放されると、北緯38度線を境に分断され、北はソ連、南はアメリカの管理下に置かれた。

また、仏領インドシナは独立戦争によってベトナム民主共和国とベトナム国に分かれるが、この2国もまたそれぞれアメリカとソ連の支援を受けて対立した。

だが、こうした米ソの冷戦もソ連の独裁者スターリンの死で新たな局面を迎える。1956年、共産党大会でフルシチョフ第一書記がスターリンを批判するとともに、平和共存路線を打ち出したのだ。

また、1963年には米・英・ソの3国間で部分的核実験停止条約が締結され、冷戦は氷解の兆しを見せ始めた。ソ連でペレストロイカ（立て直し）が始まる80年代後半まで、東西を分かつ鉄のカーテンは閉じられたまま激動の時代の幕開けを待つことになるのだ。

◆第二次世界大戦後の国境

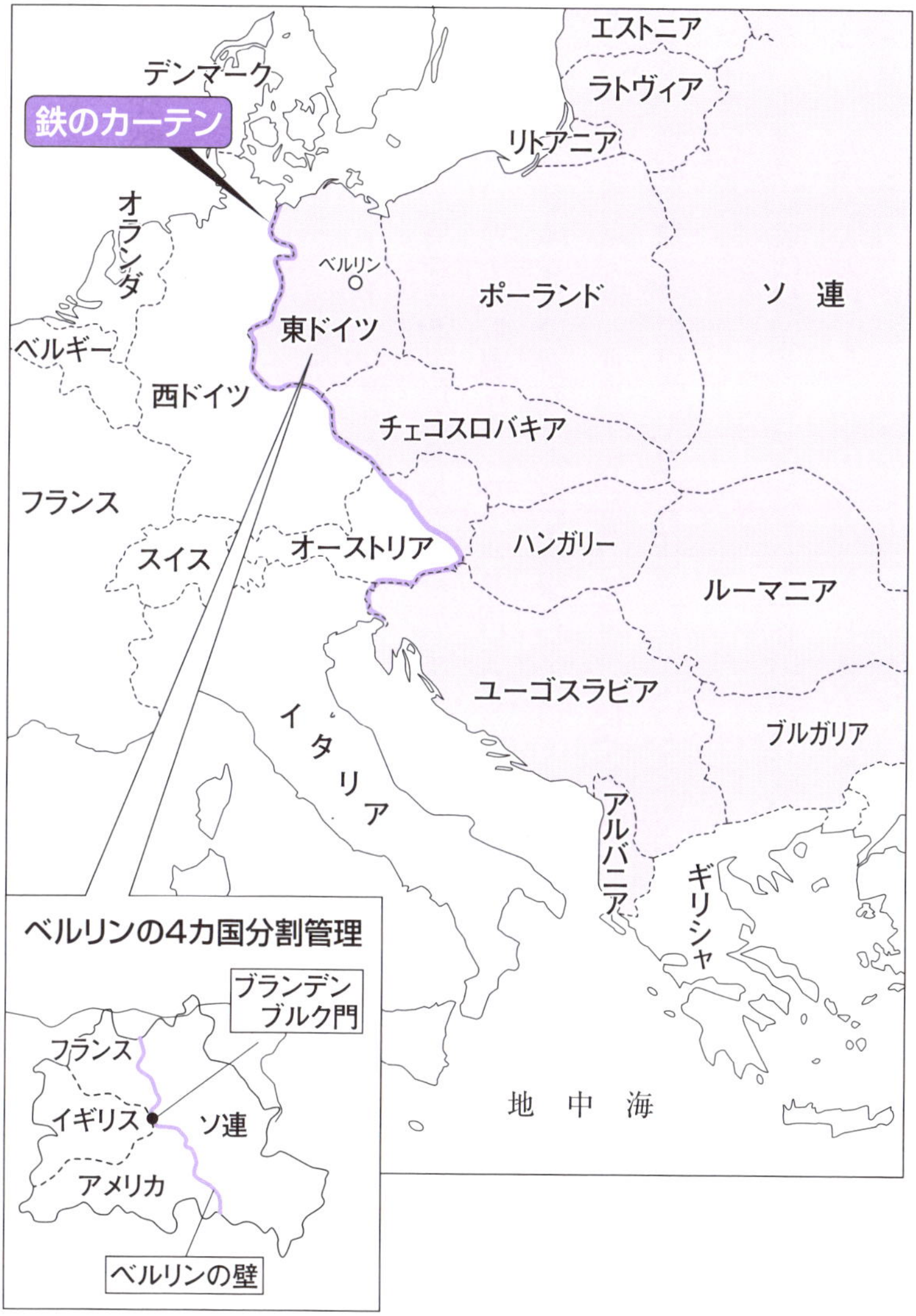

アジア・アフリカ諸国の独立

次々と独立を果たすまでの本当の経緯

東西の冷戦が「雪解け」の様相を見せ始めた1955年、インドネシアの都市バンドンにアジア・アフリカ諸国から29カ国が参加して会議が開かれた。

参加した国は、いずれも戦後ヨーロッパ諸国や日本などから独立した旧植民地国で、この会議は欧米諸国が参加しない初めての国際会議だったのである。

このバンドン会議では「世界平和と協力の増進に関する宣言」として、国家主権の尊重、内政不干渉、政治的独立への侵略や力の行使を行わないなどの内容を盛り込んだ「バンドン10原則」が採択された。

一方、列強の政策に翻弄されていたアジア各国では、大戦中から民族解放の動きが高まる。ヨーロッパ各国が大戦によって国力を弱め、日本もまた敗戦によって植民地から撤退すると次々に独立を宣言し、戦後の国際社会の二大勢力となった米ソのどちらにも属さない「第三勢

◆民族解放運動によって独立したアフリカ・アジアの国

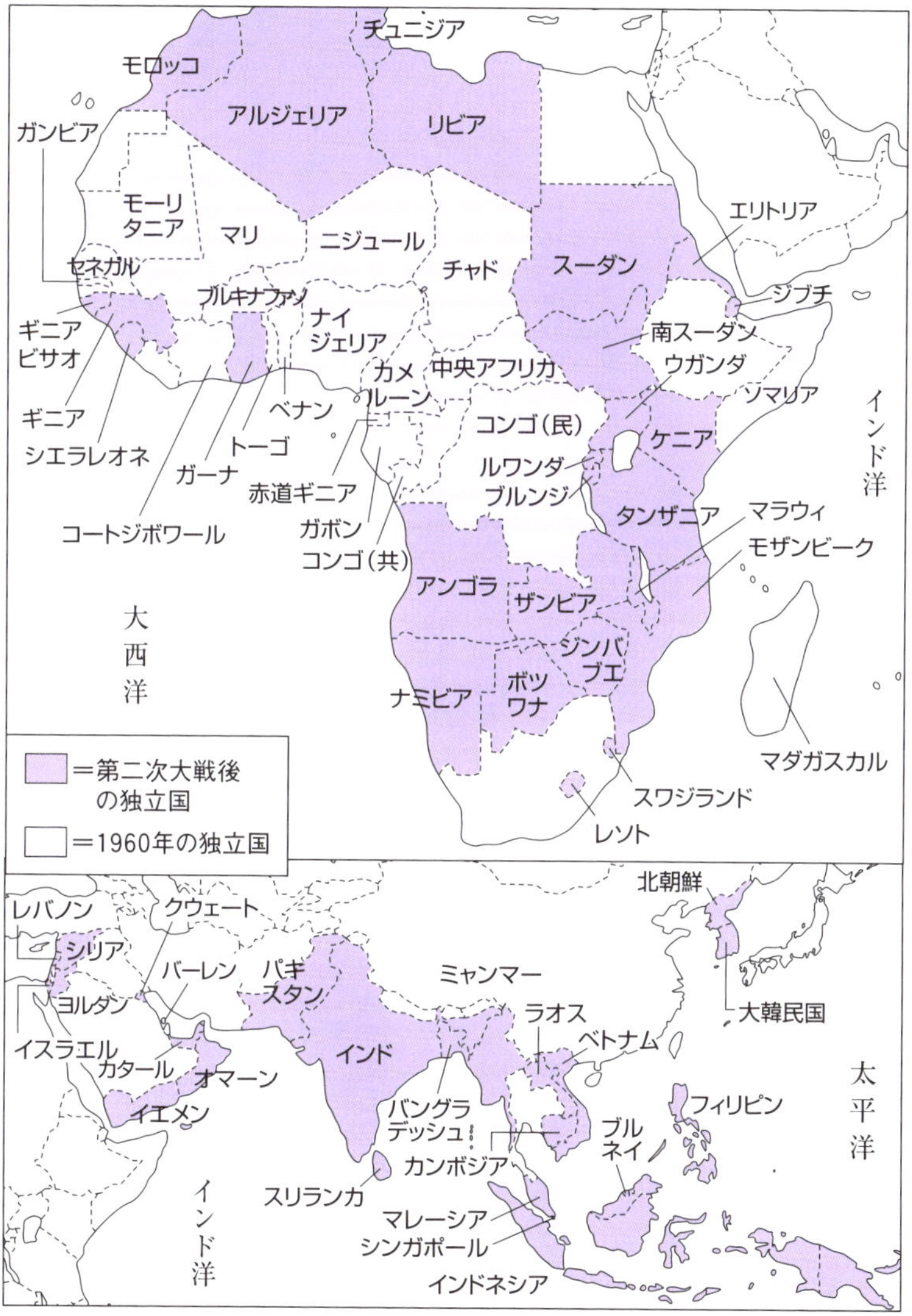

力」をめざしたのだ。

だが、その道は険しかった。独立後、ラオスやカンボジアでは軍事クーデターや内戦が勃発し、ベトナムは独立宣言したもののフランスに拒否され、独立戦争が始まる。南北に2つの国が分離独立し、これがベトナム戦争へと発展するのだ。

また、インドは大戦中からイギリスに即時独立を要求しており、インド国内のインドムスリムはさらにイスラム国家パキスタンの建国を主張していた。

1947年にはイギリス連邦内の自治領としてインドとパキスタンが独立することが承認されたが、ヒンドゥー教徒とイスラム教徒の抗争は激しさを増し、「非暴力」による独立を指導していたマハトマ・ガンジーが暗殺される事態に陥ることになる。

だが、こうした民族解放の動きは止まることなく、1960年にはアフリカ諸国が次々と独立する。この年は「アフリカの年」といわれた。

しかし、長年にわたって他国の支配下にあった国々には、その旧体制や経済構造が依然として残っていた。白人少数派が政権を握った南アフリカや南ローデシアでは、非白人への人種隔離政策（アパルトヘイト）が法制化されるなど、各国は多くの問題を抱えたまま歩み出した。

そして、それらの国々の独立は国境問題、民族問題、宗教的対立といった火種を燻らせ、新たな紛争へと発展していくのである。

21世紀の世界
民族対立、宗教対立…世界に蒔かれた数々の「火種」

1989年11月、東西ドイツを分断していた冷戦時代の象徴である「ベルリンの壁」が崩壊した。そして、翌年には東ドイツが西ドイツに吸収される形で統一が成立し、戦後40年にわたるドイツの一時代が終わる。

ベルリンの壁の崩壊は、東欧諸国のソ連離れを象徴するものだった。

1956年、「反独裁・反ソ連」を掲げて大きく盛り上がった民衆運動がソ連軍によって鎮圧されるというハンガリー事件が起こる。それ以降、東欧諸国ではソ連による締めつけが強化され、経済は低迷し、国民の不満は日に日に高まっていた。

そんな折、ソ連共産党の書記長にゴルバチョフが就任し、逼迫したソ連経済を軌道修正すべくペレストロイカに乗り出した。企業の自主権の拡大や個人営業の自由を認め、官僚による統制を改めるといった政策を打ち出したのだ。

さらに、西側諸国との相互依存を重視する外交政策を打ち出すと、東欧諸国で革命が巻き起こり、各国は一気に社会主義から離脱した。

そして、1991年には東側諸国で結成されていた相互安全保障機構「ワルシャワ条約機構」が解体する。東欧の社会主義国は完全になくなり、民族意識が高まったバルト3国やグルジアなどが次々に独立へと動き始めると、社会主義国の盟主であったソ連も崩壊の時を迎える。ベルリンの壁の崩壊からわずか2年という早さだった。

社会主義というイデオロギーのもと、さまざまな民族がひとつの国を形成していたソ連が崩壊すると、長きにわたってソ連に組み込まれてきた国々は自由を得るかに見えたが、そこには民族対立という新たな問題が待ち受けていた。

特に、スターリンの強制移住政策によってチェチェン人やイングーシ人などの少数民族が送り込まれた中央アジアでは民族紛争が激化し、中央アジアのイスラム原理主義の存在も紛争の誘発剤となっている。

また、さまざまな民族と宗教が入り混じっていたユーゴスラビアの独立も民族紛争に火をつけた。特に、イスラム教徒、セルビア人、クロアチア人が対立したボスニア＝ヘルツェゴビナの内戦は激しく、国連やEUが調停に乗り出すも、3年半にわたって続いた紛争で首都サラエボは廃墟と化した。

◆20世紀後半の主な民族紛争地域

アメリカとソ連を中心とした冷戦の時代は幕を下ろしたものの、民族や宗教をめぐる争いを抱えながら世界は21世紀を迎えたのだ。

そして、21世紀を迎えたばかりの2001年9月11日、航空機が超高層ビルに激突する衝撃的な映像が世界を駆け巡った。アメリカ同時多発テロである。

この攻撃に対して当時のアメリカのブッシュ大統領は「テロとの戦い」を宣言し、同時多発テロの首謀者とされたアルカイーダの引き渡しに応じなかったアフガニスタンのタリバン政権に報復攻撃を仕掛ける。

さらに、大量破壊兵器を隠し持つ「テロ国家」であるとしてイラクに軍事介入し、フセイン政権を倒して新政権の樹立にこぎつけたものの、中東の治安は悪化の一途をたどる。

一方で、チュニジアやエジプト、リビアなどのアラブ諸国では長期の独裁で腐敗した政権に対して民主化を求めるデモ「アラブの春」が起こり、政権が倒されていった。

デモは中東のシリアにも飛び火する。だが、アサド政府軍と反政府軍との戦闘に発展し、そこにテロ組織「ＩＳ」やクルド人勢力などが参戦して大混乱に陥る。さらに、アメリカを中心とする多国籍軍やロシア軍が介入し、シリアにおける戦闘は収拾のめどすら立っていない。

そんな中東と欧米の混乱をよそに、南シナ海では中国の実効支配が加速している。東南アジア各国との領有権問題により、南シナ海は「対立の海」と呼ばれるようになった。

2章

アジア・オセアニア

大韓民国——Republic of Korea

北緯38度線を挟んだ「分断国家」が誕生するまで

ユーラシア大陸東端に位置している朝鮮半島。その南部を占めているのが大韓民国（韓国）である。

さまざまな民族が入り混じっていた古代朝鮮で、馬韓《ばかん》、弁韓《べんかん》、辰韓《しんかん》のいわゆる三韓が形成されたのが3世紀頃である。

やがて半島には百済《くだら》、新羅《しらぎ》、高句麗《こうくり》が興るが、百済が６６０年、高句麗が６６８年にそれぞれ滅亡し、最終的には新羅が統一を果たす。そして10世紀には太祖《たいそ》（王建）が高麗《こうらい》国を建国するのだ。

ちなみに韓国を表す「Korea」は、この「高麗」が転じたものである。

しかし、13世紀に入ると西方に巨大なモンゴル帝国が誕生し世界を席捲する。朝鮮半島もその脅威を受け属国化されるが、１３９３年にはクーデターを成功させた李成桂《りせいけい》が立ち上がる。

中国の明朝の冊封を受けた李氏朝鮮の誕生である。
この時代は、北西部の盆地である漢城《ハンソン》（ソウル）に首都が置かれ、朝鮮文字（ハングル）が成立するなど、文化、経済、宗教と、あらゆる分野において国家が形を整えていった時代であった。

1592～98年には豊臣秀吉による朝鮮出兵（文禄・慶長の役）を受けるが、その後も李朝の支配は続いていく。

ヨーロッパ列強がアジア進出を始めた19世紀になると、イギリスやフランスから貿易を求められたが、時の摂政・大院君《だいいんくん》はそれを拒

◆李氏朝鮮王朝前期の朝鮮半島

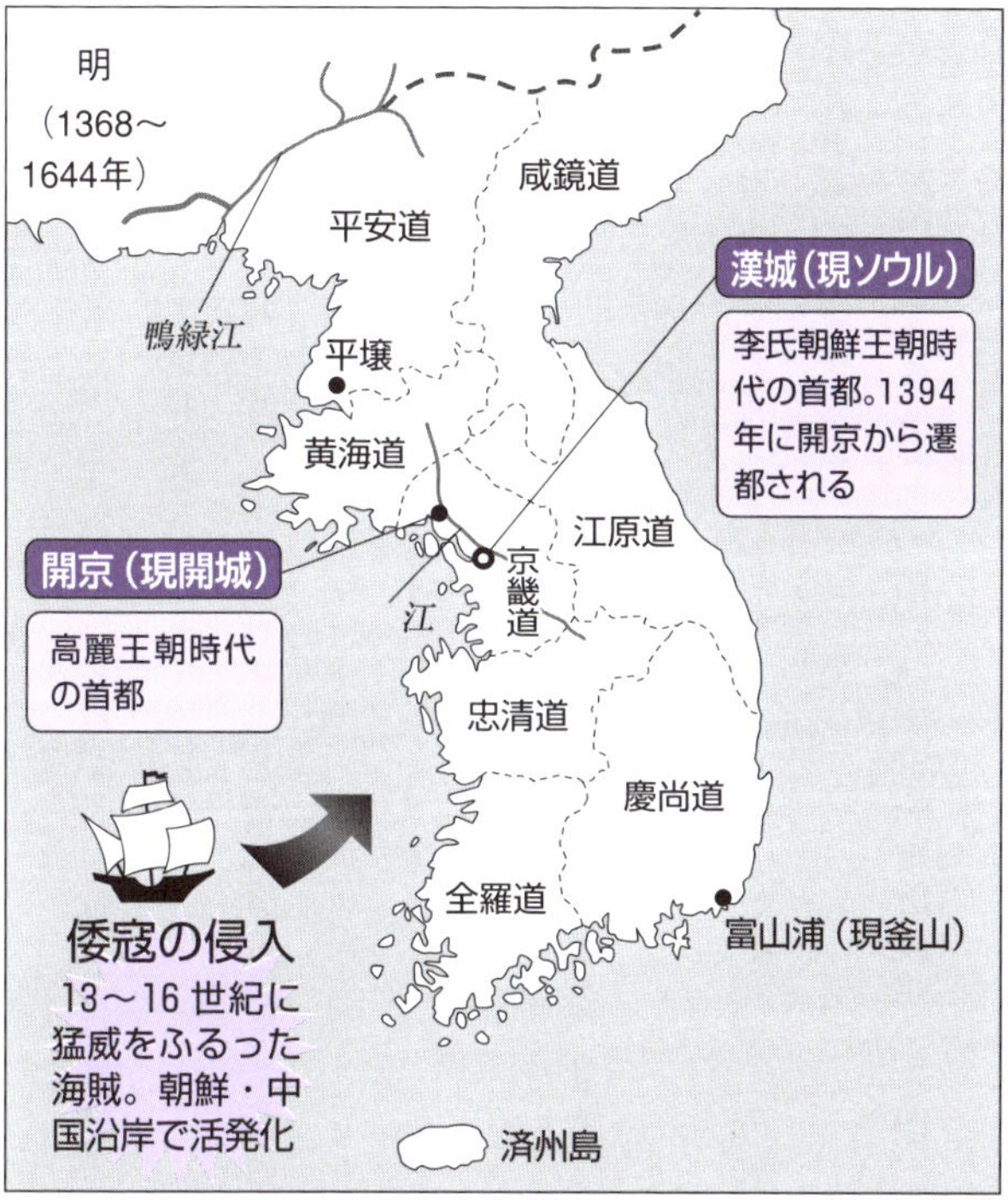

李成桂は李氏朝鮮設立後、国号を正式に「朝鮮」と定め、明と親交して儒教による国家づくりを進めた

否し、鎖国政策を選択する。

日本の影響が色濃く出始めたのは日本が日清戦争と日露戦争に勝利し、実質的に中国とロシアを朝鮮から排した20世紀初頭からである。

１９０５年の日韓条約、１９１０年の日韓併合により、朝鮮半島は日本の支配下に入り、それによって５００年以上続いた朝鮮王朝・李氏朝鮮も滅亡した。

１９１９年には日本の圧政に対して民衆が蜂起した三・一独立運動が展開するも、日本の支配は続いていく。

しかし、第二次世界大戦において日本が敗戦すると、半島は米ソの管理するところとなり北緯38度線（軍事境界線）で分割される。

それにより１９４８年、北に朝鮮民主主義人民共和国（北朝鮮）、南に李承晩《りしょうばん》を初代大統領とした大韓民国が誕生した。

やがて朝鮮戦争で北朝鮮との間には決定的な亀裂が入るが、韓国はアメリカのバックアップで経済成長の道すじをつける。

その後、反軍政・民主化運動が実り、高度な経済成長を遂げる。１９９８年にはソウルオリンピックも開催され、国際的にも認められるようになった。

一方、北朝鮮とは１９５３年に休戦協定を結んだまま、緊張状態はより高まっている。

朝鮮民主主義人民共和国

——North Korea ＝ Democratic People's Republic of Korea

国際的孤立を深める朝鮮半島のもう一つの国

朝鮮半島の北部、鴨緑江《おうりょっこう》が流れる北の国境を中国に接し、古くから半島と中国大陸をつなぐ要衝に位置するのが朝鮮民主主義人民共和国（北朝鮮）である。

朝鮮半島の歴史は韓国のそれに準じるが、半島南部（現在の韓国）が三韓時代を迎えていた頃、半島北部は高句麗が勢力を誇るなど、古代はところどころで多少異なる歩みを持つ。

しかしその後、半島全土は統一新羅を経て高麗、李氏朝鮮と同じ道を進む。

朝鮮半島が北朝鮮と韓国という2つの分断国家の道を歩み出したのは、第二次世界大戦が終わってまもなくの1948年だ。日本の統治が終わり、半島の実質的支配が当時冷戦状態にあったソビエトとアメリカの手に渡ってからである。

この時、半島北部に誕生したのが金日成《キムイルソン》を最高指導者とした社会主義国家「朝鮮民主主義人民共和国（北朝鮮）」である。

アジア・オセアニア

南にはアメリカの後押しで大韓民国が樹立した。やがて米ソ中の干渉に左右された朝鮮戦争の結果、北緯38度線（軍事境界線）が半島を真っ二つに分断してしまったのである。

金日成率いる朝鮮労働党が掲げたのは、主体《チュチェ》思想と呼ばれる独自の社会主義的政治イデオロギーだ。朝鮮戦争で受けた多大なダメージからの復興策として経済、農業、衣食住問題などを解決する5カ年計画を実施するが、冷戦構造の消滅とともに国際的な孤立を招く。

２０１１年、金正恩《キムジョンウン》が後継者となってもその状況は変わらず、建国以来の一党独裁政治が今なお続いている。

また、北西部の寧辺《ヨンビョン》を中心に核開発に着手しており、１９７４年にはＩＡＥＡ（国際原子力機関）、１９８５年にはＮＰＴ（核拡散防止条約）に加盟するも、秘密裏に核開発を続行し、ＮＰＴからの離脱を宣言するなど核の脅威で世界を牽制した。

これに関連して、米朝関係においても、１９９４年に核開発を凍結することを条件にアメリカがエネルギー支援を行うとした「米朝枠組み合意」で決裂、両国の関係は一進一退を繰り返している。

それを受けて２００３年にはロシア、中国、韓国、アメリカ、日本との六カ国協議がスタートしたが、２００９年に北朝鮮は離脱を表明し、２度目の核実験を行った。その後も核実験は続けられ、近年では弾道ミサイル発射も相次ぎ、世界中からその動向が懸念されている。

中華人民共和国——People's Republic of China

東アジアの「覇権」をめぐる4000年の歴史ドラマ

日本の面積の25倍もある広大な国土を持ち、13億人以上もの人々が暮らす中華人民共和国。東アジアの大半を占め、西にはクンルン山脈などの高山が並び、北にはゴビやタクラマカンといった砂漠地帯が広がっている。

中国の歴史は紀元前5000年頃、黄海に流れ込む黄河流域の都市国家を殷《いん》が初めてひとつにしたことから始まる。

前1000年頃になると殷に代わり、周《しゅう》が黄河流域に勢いを増す。周は公領を家臣や一族に与えて王と主従関係を結ぶ封建制度を確立し発展した。しかし、この王国も西北から異民族の侵攻を受けるようになり、やがて衰退してしまう。

その後、勢力を持つのが韓《かん》、魏《ぎ》、趙《ちょう》、秦《しん》、斉《せい》、燕《えん》、楚《そ》の7つの王国である。これにより中国は戦国時代に突入する。

200年あまりも続いた戦国時代に終止符を打ったのが西の渭水《いすい》盆地にある秦だった。秦の始皇帝は6つの強国を平定すると中国を統一し、中央集権化に着手した。

それまでの諸王国を解体すると36の郡に分け、それをさらに県に細分化し、官吏を始皇帝自らが任命したのである。

さらに北からたびたび侵入してくる異民族の匈奴《きょうど》から国を守るため、全長6400キロメートルにも及ぶ万里の長城をも完成させるのだ。

だが、このような急激な改革は諸王国の反発を強め、その死後は各地に反乱が相次いで起き、短期間のうちに秦は滅亡してしまう。

中国は再び諸国同士で勢力を競い合う戦乱の世に逆戻りするが、これを平定したのは農民出身の劉邦《りゅうほう》により指導された新興勢力だった。

劉邦は前202年に勢力を誇った楚を破ると、都を長安に遷して漢《かん》を成立させた。漢は武帝《ぶてい》の時代に最盛期を迎えるが、それも紀元8年に家臣の王莽《おうもう》のクーデターによって滅亡してしまう。

だが、その王莽もまた反撃に転じた漢一族によりわずか15年でその王位を追われてしまうのである。

歴史ではこのクーデターが起きるまでを前漢、再興後を後漢と呼んでいる。後漢は都を洛陽に置くと勢力を盛り返し、西のカスピ海沿岸までその影響力を及ぼすようになる。

しかし、後漢は圧政を敷いたため農民の反乱がたびたび起き、やがて力を持ち始めた豪族によって滅ぼされて３つの王国に分裂するのである。

『三国志』の時代から隋、唐の登場まで

日本でも人気のある中国の歴史書といえば『三国志』だろう。後漢滅亡後、２８０年に晋《しん》に統一されるまでの魏、呉《ご》、蜀《しょく》３国の争いを記したものだ。

この戦いは60年間にわたって続き、魏が蜀を滅亡させ、その後司馬炎《しばえん》の下克上により魏は晋となり、その晋が呉を滅ぼすのである。だが、それも諸王が争いを収められなかったことで力を失い、３１６年に異民族の匈奴の侵入を招いた。

晋の一族はやむなく南に都を移して東晋を成立させ、それは宋、斉、梁《りょう》、陳《ちん》などに引き継がれていった。

一方、北の異民族は勢力を持つようになり、それは北魏と呼ばれる王朝となる。これにより、中国には南と北に２つの王朝が存在する南北朝の時代となるのだ。

この国の分裂状態に幕を引いたのは北魏から発展した隋《ずい》だった。隋は５８９年に南の陳を滅ぼすと南北の王朝を統一し、積極的な外征でベトナム南部に侵入して朝鮮半島の高句麗にも遠

征した。

だが、度重なる外征で重税を課したため国民の間に不満が広がり、わずか30年ほどで滅んでしまうのである。これを継いだ王国が唐《とう》だった。

この王朝は約３００年にわたって栄え、なかでも太宗《たいそう》と高宗《こうそう》の時代には朝鮮半島の百済と高句麗を滅ぼし、西のアラル海沿岸から東西に大帝国を築き上げる。

ただ、あまりにも領土を拡大しすぎたことで異民族が侵入するようになり、また国内も混乱したことから滅亡する。

●モンゴル民族に支配された元

その後、中国は諸王国が勢力を競い合うようになるが、それも10世紀に宋が成立するまでだった。

宋は中央主権化を強めると官僚制を強化して国を治めた。ただ、周辺地域では異民族が勢力を強めるようになっており、やがて13世紀に入ると元《げん》が登場する。

元はモンゴル帝国が分裂して生まれた王国で、都を大都（現在の北京）に置いて全土を支配した。その勢力は非常に強く、朝鮮の高麗を服属させただけではなく、日本にも元寇として襲来した。

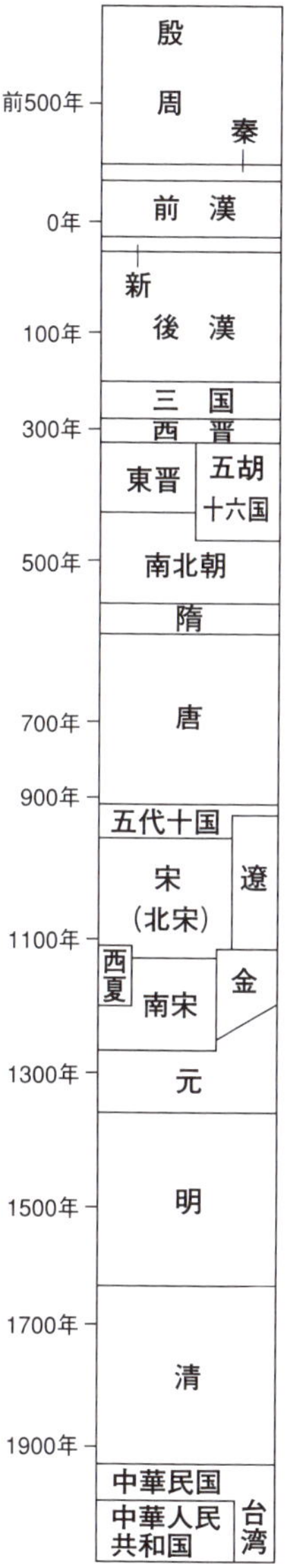

◆戦国時代(前403年〜前221年)の7国

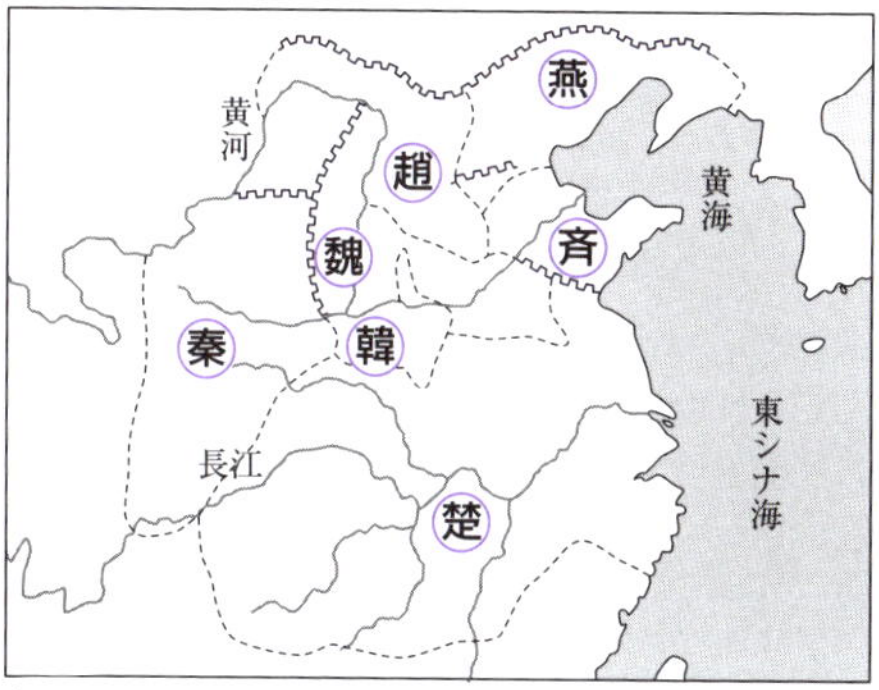

◆5世紀の南北朝時代の中国

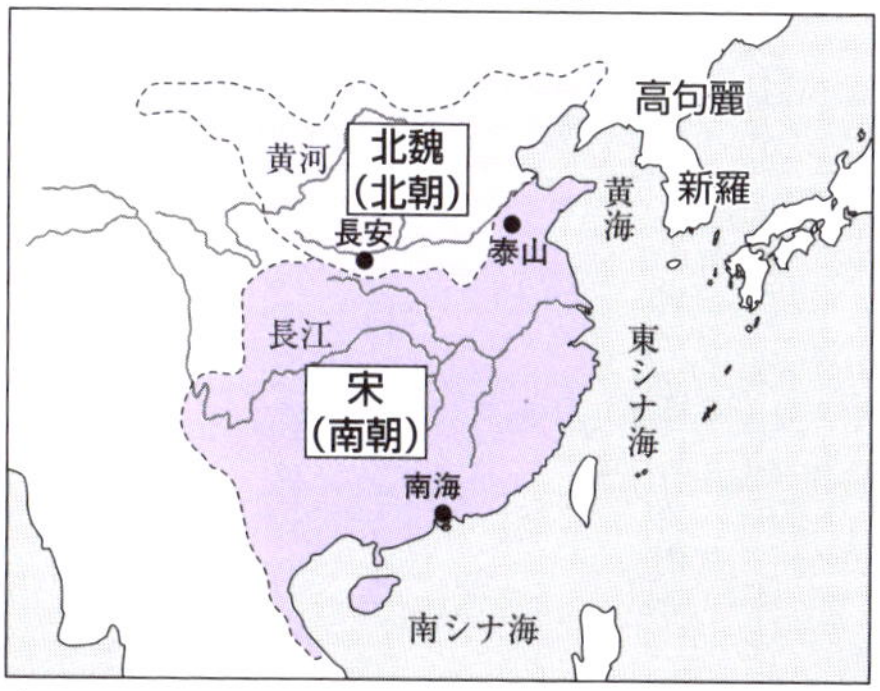

◆15世紀の明

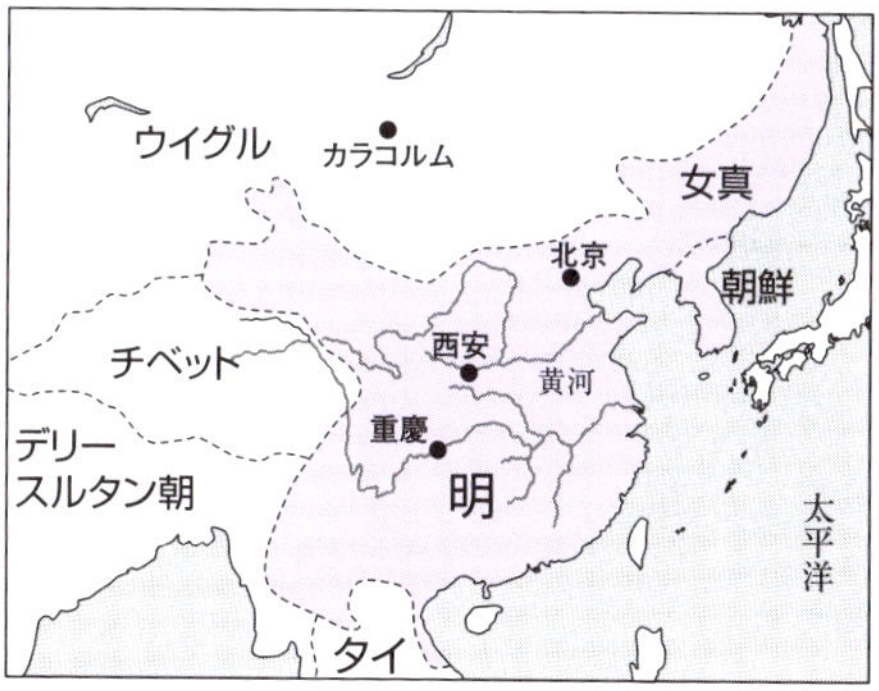

1351年、農民の反乱である紅巾の乱が起きると元は衰退し、代わりに明《みん》が建国されるのである。

明は中国人の大半を占める漢民族によって成立した王国だった。王の洪武帝《こうぶてい》は元時代のモンゴル人を国外へ駆逐すると皇帝の独裁体制をとって中央集権化を図り、周辺地域への支配を強めた。

これにより、再び中国人による王国が繁栄するかのように思えた。しかし、その明もやはり宮廷内での権力闘争に明け暮れ、さらには国内へのモンゴル人の侵入などにより1644年に滅亡してしまう。

次いで中国の新しい支配者となったのが満州の女真族だ。首長のヌルハチは明王朝が崩壊するとすかさず侵入して全土を支配し、その2代目のホンタイジが国名を清《しん》に変えるのである。

第二次世界大戦後の新たな事態

19世紀に入ると、これまで周辺地域の異民族との戦いの歴史だった中国に新たな敵が現れる。それはヨーロッパの列強だった。なかでもイギリスは外貨を獲得するために植民地のインドからアヘンを輸入することを清に迫り、これを拒むと1840年にアヘン戦争を起こして南京条約により香港を割譲させた。

◆18世紀の清の領土

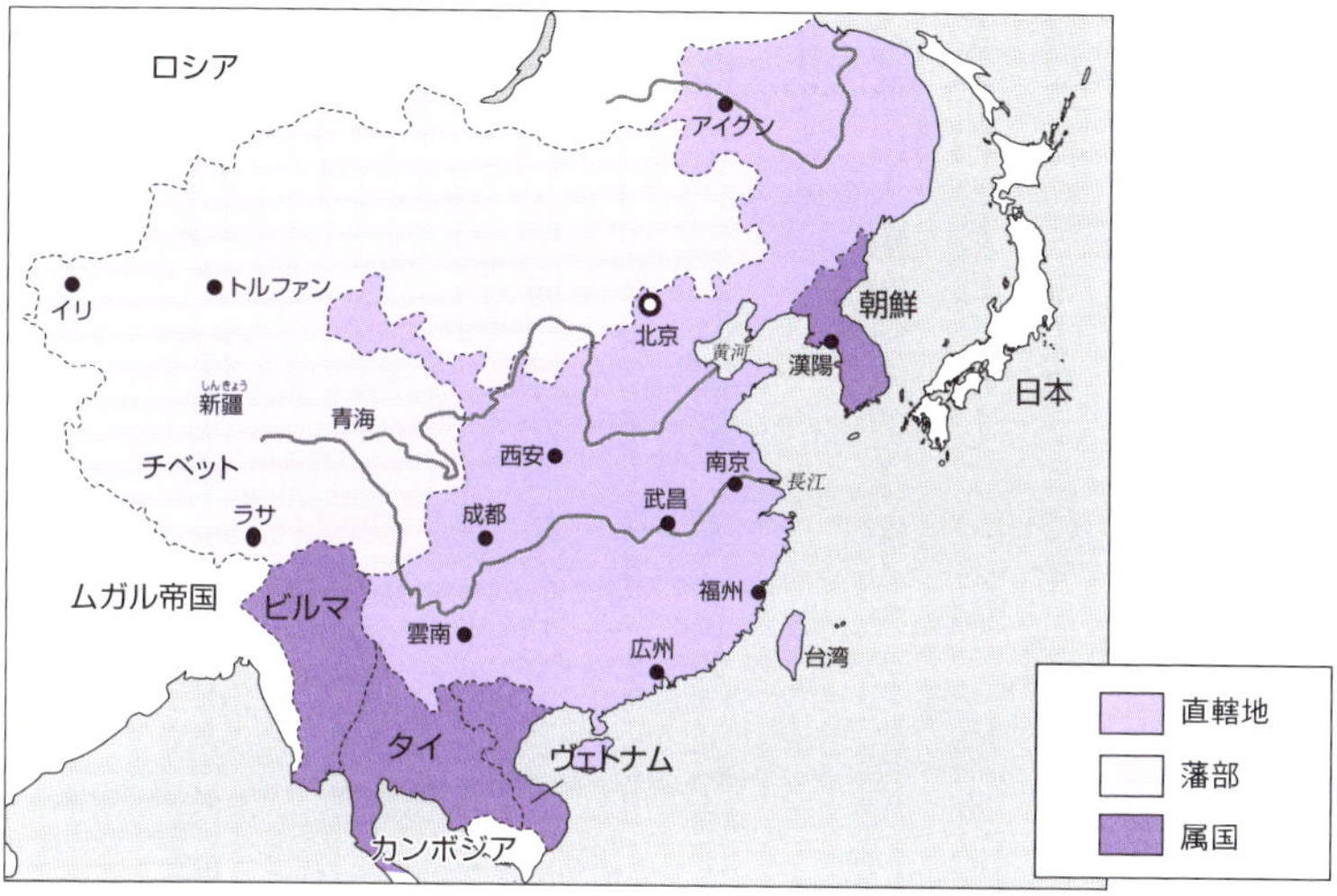

１８９４年の朝鮮の支配をめぐり日本との戦争に敗れると、外国の干渉は激しくなった。だが、１９１１年の辛亥革命により清が滅びるとその流れは大きく変わる。中国は中華民国となるものの、太平洋戦争が終結すると資本主義の国民党と中国共産党との対立が始まるのである。

アメリカに支援された国民党は共産党を排除するための攻撃を開始し、それは内戦へと発展した。しかし、国民は毛沢東を中心とした共産党を支持したことで国民党は敗北し、１９４９年に中国は社会主義国家の中華人民共和国へと変わる。

そして東西の冷戦を経て、この国は世界の大国として揺るぎのない存在となっていくのである。

台湾 ―― Taiwan

台湾海峡で大陸と隔てられた島が世界の注目を集める理由

台湾は東シナ海に浮かぶ島の名である。台湾海峡を挟んで西に中国福建省、ルソン海峡を挟んで南にフィリピン、そして東にわずか125キロメートルの距離に日本の与那国島がある。台湾は正式には「国家」ではない。政治や経済、文化の中心は、約2269万人の人口を擁する台北市である。

この島に人類が住み着き始めたのは先史時代と意外と古く、中国の史書『三国志』にも台湾らしき存在の島は登場しているが、その真偽ははっきりしない。

台湾が初めてヨーロッパに発見されたのは、大航海時代真っ只中の16世紀頃のことだ。当時は明朝の支配下にあったが、17世紀に入るとオランダが本格的に島への上陸を果たす。

現在の台南《たいなん》の近くにはオランダ東インド会社によってゼーランディア要塞なども築かれたが、中国の指導者・鄭成功《ていせいこう》がオランダ軍を追い出し実権を掌握することに成功すると、それ以降、台湾は長らく清朝に組み込まれる。

しかし1895年には、日清戦争に勝利した日本に割譲された。台湾の官民は「台湾民主国」を宣言して抵抗したが、最終的には日本軍によって全島が占領され、その支配は第二次世界大戦終戦の1945年まで続いた。

だが、日本の敗戦によってこの国の歴史は大きく動く。その中心的役割を果たしたのが中華民国（中華人民共和国以前の国家）の指導者である蔣介石《しょうかいせき》である。

中国国民党出身の蔣介石は、国共内戦において中国共産党に破れ、台湾へと逃れて「国民政府」を樹立したのだ。蔣介石は1948年から総統の座に就いたが、直前の1947年にはその独裁体制に反発した民衆と政府が衝突した「二・二八事件」も勃発している。

しかし、ここで台湾が中国共産党の支配下にならなかったのは、同時期に勃発した朝鮮戦争において北朝鮮支援を行った中国にアメリカが反発し、国民政府（国民党）を援助したためである。

結局、蔣介石は1975年まで権力を握り続けたが、死後は李登輝《りとうき》が総統として就任。一党独裁政治は排除され、民主化と自由化が推し進められた。

その後を馬英九《ばえいきゅう》、現在は民主進歩党の蔡英文《さいえいぶん》が継いでいるが、いまだ台湾の独立は認められていない。中華人民共和国（中国）側から見れば、台湾はあくまで中国南東部に位置する離島のひとつにすぎないのである。

モンゴル国

ロシアと中国の間という地理的条件はモンゴルをどう変えたか ——Mongolia

モンゴルは北にロシア、南に中国という強国と隣り合わせの立地にあり、少なからず両国の影響を受けながら今日にまで至っている。

そのモンゴルが初めて国家を形成したのは8世紀頃のことだ。建国したのは遊牧ウイグルで、そのルーツは騎馬民族として知られる「匈奴《きょうど》」だといわれている。

西方ではイスラム帝国が猛威を振るっていたが、13世紀になるとその一部勢力をも吸収したモンゴル帝国が誕生する。

創始者はモンゴル族のチンギス・ハン。ハンとは諸部族の君主を意味している。世界制覇を目論んだチンギス・ハンは建国後ほどなくして没したが、後継者たちによってその支配は北・中央・西アジアと南ロシア、さらに中国北部にまで及び、ユーラシア大陸のおよそ3分の2という結果として史上最大の領土を誇った。

だが、拡大しすぎた帝国はしばらくするとオゴタイ＝ハン、チャガタイ＝ハン、キプチャク＝ハン、イル＝ハンの4つに分裂した。

一方、宗家ではチンギス・ハンの孫のフビライが後継者となり、中国全土を征服して元を打ち建てる。

ちなみにこの時、朝鮮半島やベトナムをも属国としたが、1274年と1281年の2度にわたる日本への侵攻（文永・弘安の役）は失敗に終わっている。

しかし、強大な軍事力を誇った大国も後継者争いで内乱が起こり消滅する。チンギス・ハンの野望は、2世紀足らずでこの世から消え去るのである。

帝国滅亡後は現在のモンゴル周辺でタタール（韃靼《だったん》）、オイラートの両部族が勢力争いを続けたが、17世紀に入ると明朝を滅ぼした清朝によって征服されてしまう。

だが、1911年に中国で辛亥革命が勃発し、清が滅びる。すると、モンゴルは直ちに独立を宣言し、ロシア革命の影響を受けた社会主義の自治政府を樹立したのだ。

この時はまだ完全な独立ではなかったが、10年後にはモンゴル革命により「モンゴル人民共和国」を建国する。そして1992年に現在の「モンゴル国」へと国名を変更した。

しかし、独立を果たした時、中国に近い南部の「内モンゴル」と呼ばれる地域が中国に取り残された。そして、その地域は現在も「内モンゴル自治区」として中国に属したままである。

インド――India

世界から注目を集める南アジアの大国がたどった波乱の道のり

国名のインドは紀元前3世紀にマケドニアのアレクサンドロス大王が、この地をインダス川の中流域を意味する「ヒンド」と呼んだことに始まるとされるが、それまでの先住者たちは「バーラト」と称していた。この命名が象徴するように、インドの歴史は常に異民族によって書き換えられてきた。

国の起源はインダス文明までさかのぼることができる。その繁栄は5世紀にわたり続くが、北西部から侵入してきたアーリア人によって滅ぼされる。この民族は主に鉄器による農耕を行い、やがていくつもの小集団に分かれると、それは都市国家へと発展していった。

そして、これらの都市国家を統一するのは、インド初の古代帝国となったマウリヤ朝である。この帝国は前317年に成立すると勢力を拡大させ、アショカ王の時代にインド半島の南部を除くほぼ全域をその支配下に置いている。

◆ムガル帝国時代と現代のインド

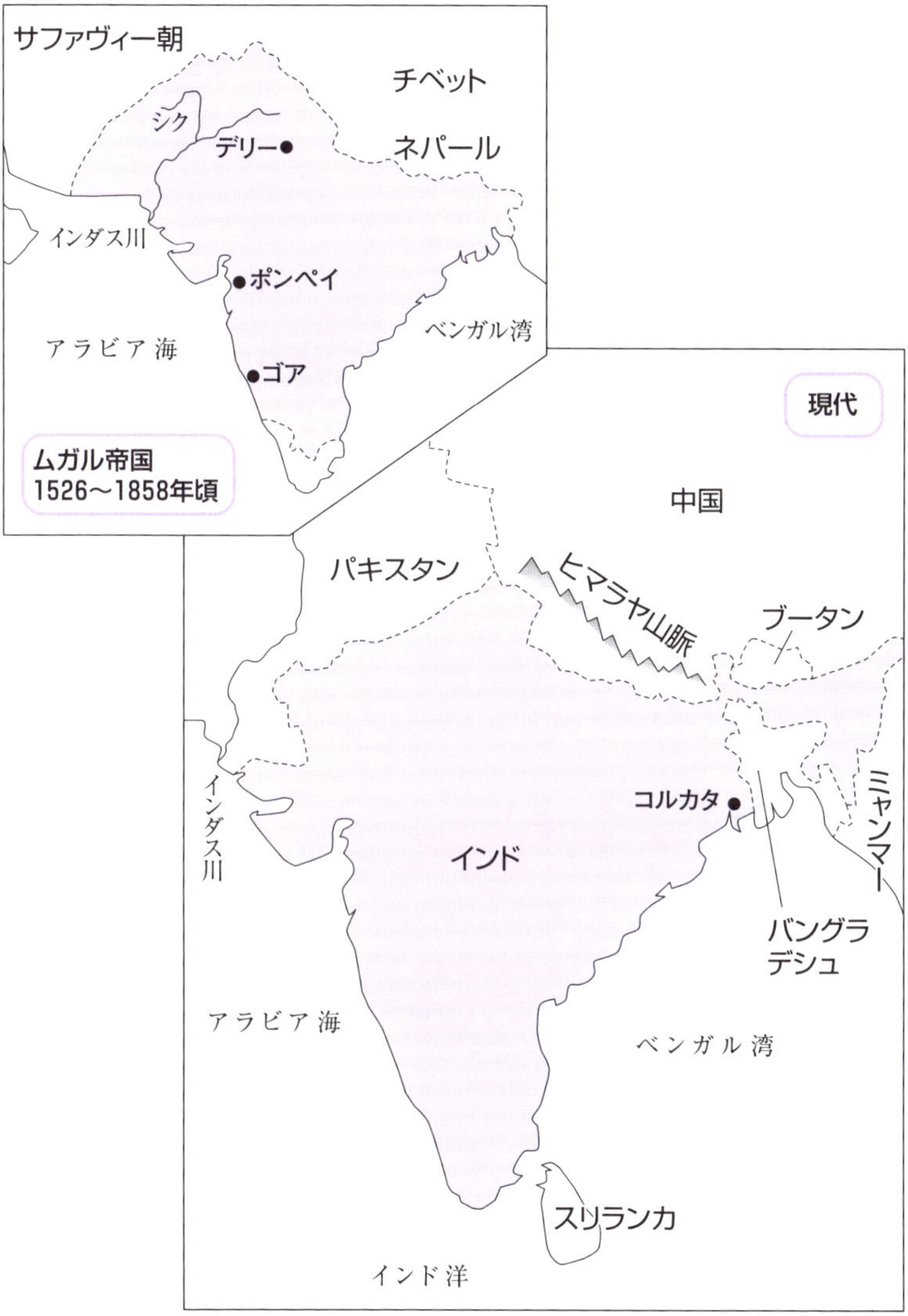

帝国は約1世紀半にわたり栄えるものの国王の死とともに四分五裂して滅亡へと向かい、この後は各地にいくつもの王国が栄えるようになった。

統一を実現するのは、12世紀以降に西から侵入してきたイスラム勢力だった。ムガル帝国は16世紀に周辺諸国を平定すると、南部を除くこの国の大半を統一するのである。しかし、このムガル帝国は短命だった。150年ほど隆盛を極めるものの18世紀に入ると急速にその力が衰え、ついに分裂するとインドは再び諸王国が乱立するようになるのである。

そこに進出してきたのがヨーロッパの列強だった。

イギリスは次々と周辺の王国を陥落させ、1845年にインドのほぼ全域を支配するようになるのだった。

第一次世界大戦が始まるとイギリスはインドの協力を必要としたため、戦争終結後の自治を認めるが、しかし、それは口約束にすぎず、いっこうにその兆しは見られなかった。

これを知った国民会議派とマハトマ・ガンディーはインド国民を指導し、イギリスに対して非暴力抵抗運動などを展開した。

この運動はその後も根強く続き、第二次世界大戦後の1947年にインドは独立国家となるのである。2016年現在、世界第2位の人口を擁すが、その増加は衰えることを知らず中国を抜いて世界一の人口大国となると予想されている。

カンボジア王国 ―― Kingdom of Cambodia

侵略、内戦、虐殺…東南アジアの王国を襲った「悲劇」

インドシナ半島の中央部に位置するカンボジア王国には、世界に誇る文化遺産がある。約1000年以上前に建造された世界遺産のアンコール・ワットだ。

アンコール・ワットは建国の祖とされているクメール人が開いた王朝跡で、13世紀頃まで隆盛を極めたことが知られている。

クメール人は積極的にインド文化を取り入れ独自の文化を花開かせると、最盛期のスールヤ・バルマン2世の時代にはインドシナ半島の大半を征服し、領土は王国最大となり隆盛を極めた。

しかし、13世紀を過ぎる頃から隣国のベトナムとタイの王国の勢力が増すようになり、両国に侵略されることでカンボジアはしだいに衰えていくのである。

さらに19世紀になると、ヨーロッパの列強がこの国に進出してくる。1863年にフランスの保護領となると、その14年後にはインドシナ連邦に強引に組み入れられてしまうのだ。

そして、第二次世界大戦が始まると、今度はフランスに代わり日本軍が侵攻してくるのである。独立国家となるのは大戦終結後の1953年になってからだ。

独立したカンボジアは非同盟中立の政権をめざすが、これに反対する親米派が1970年にクーデターを起こした。ここからがカンボジア国民にとって悲劇の始まりだった。

クーデターで中国に亡命したシアヌークは、カンボジア民族統一戦線を組織すると反政府活動を率いて政府を倒すが、代わってその権力の座に就いたのはカンボジア共産党のポル・ポトだったのだ。

ポル・ポトは民主カンボジア政府を樹立すると、農業を中心とした偏狭的な政策を掲げ、それに反対する知識人らを次々と粛清していく。ポルポト派（クメール・ルージュ）が支配した1975年からの4年間で、その犠牲となった人たちは人口の4割近くに当たる約200万人に達したと推定されている。

そのポル・ポト政権も1979年にカンボジア救国民族統一戦線によって崩壊した。その後も再び権力の座を狙うポル・ポト派と新政府との闘争が続き、それは内戦へと発展していく。

これが解決するのは実に12年後の1991年で、パリで和平協定が締結されると、ようやく内戦は終結する。そして、日本も初のPKOとして参加した国連監視団の下で総選挙が行われた。だが、ポル・ポトの粛清と内戦の傷は大きく、現在も復興の途上にある。

タイ王国 ―― Kingdom of Thailand

植民地化されることなく独立を保つことができた理由

タイ王国はインドシナ半島の一部と、南シナ海に細長く伸びるマレー半島の半分近くを占めている。建国されたのはミャンマー王国との国境に近いメナム川の北部で、1238年にスコータイ朝が成立している。それまでは現在のカンボジアにあったクメール王朝に支配されており、これを13世紀初頭に中国南部から進出してきたタイ人が破って最初の王朝を開いた。

スコータイ朝はその3代目のラーマカムーヘン王の時代に絶頂期を迎え、南へ勢力を伸ばすが、それも国王の死とともに衰退する。変わって1350年に王朝を築いたのがアユタヤ朝だ。

この王朝は4世紀にわたって繁栄し、日本と朱印船貿易をしたことでもよく知られている。日本のみならず、遠くヨーロッパのポルトガルやイギリスなどとも交易を行い、国際色豊かな王国だった。

だが、その繁栄も隣国のミャンマー王国が勢力を持ち始めるまでだった。1767年になるとこの隣国に侵攻され、アユタヤ朝は滅亡してしまう。火が放たれた首都は一夜にして灰燼《かいじん》に帰すが、これで戦いが終わったわけではなかった。

アユタヤ朝の流れを汲むタクシン将軍はすぐに兵を起こすと態勢を立て直し、翌年にはミャンマー軍を追い返して首都を南部のトンブリーに移し、トンブリー朝を開いた。

ただ、王位についたタクシン将軍もクーデターによりわずか15年ほどで失脚してしまう。そして、現在の王朝となるチャクリー朝が始まるのである。

この王国は首都を現在のバンコクに移すと、1855年にイギリスと自由貿易を原則とする修交通商条約を結び、国の近代化を図った。なかでもラーマ5世は新しい行政制度を導入し、それに加えて鉄道や通信などの社会的基盤の整備を行った。

この改革は成功を収め、国家は隆盛する。これにより周辺の東南アジア諸国が次々と植民地化されるなかで、積極的に近代化を推し進めたタイだけは独立性を保つことができるのである。ただ、一方では国家財政の悪化を招き、1929年の世界恐慌で財政破綻に至ってしまう。これをきっかけに軍部は1932年に無血クーデターを起こし、憲法を改正すると立憲君主制に移行した。

20世紀半ばから70年余り、国民から敬愛されていたプミポン国王が2016年に崩御し、ワチラロンコン皇太子が新国王に即位した。

パキスタン・イスラム共和国

——Islamic Republic of Pakistan
インダス文明の地に誕生した「清浄なる国」

パキスタン・イスラム共和国の国旗の大半を占める緑色は神の恵みを表わし、描かれた月と星は神聖さを象徴している。その成立にはイスラム教が深く関わっており、国旗にも国教であるイスラム教の思いが込められている。

インドの西隣にあるこの国は四大文明のひとつのインダス文明が栄え、その中心となったモヘンジョ・ダロは北部のシンド平原にある。

このため、その歴史は紀元前から現代に至るまで連綿と続いているようにとらえられがちだが、意外なことに建国されたのは20世紀の中頃になってからだ。

パキスタンとイスラム教との関わりは古い。初めてイスラム王朝に支配されるのは712年のウマイヤ朝によってであり、その後もイスラム勢力の支配下に置かれ、1210年にはインドで初のイスラム王朝であるデリー・サルタナット朝の支配下となっている。

1526年になると、インド半島を統一した初めてのイスラム教国であるムガル帝国に征服される。

しかし、インド半島の多くの人々はヒンズー教を信仰していたため、帝国も統治しやすいように強制的な改宗を行わなかった。そして17世紀になると、植民地を求めるイギリスの侵略が始まる。イギリスは1600年に帝国を滅ぼして東インド会社を設立すると、インドを植民地化するのである。

これは、イスラム教徒にとって大きな問題に発展した。イギリスはイスラム教よりヒンズー教を優遇したため、これによりかつてのインドの支配者は政治的な小集団に追い込まれ始めたのだ。

イスラム教徒の不満は時代とともに増し、それは危機感となって1906年にインド・ムスリム連盟の設立へと発展する。そして連盟は社会や文化がまったく違うヒンズー教徒とは別々の国にすべきだと主張したのだ。

やがて第二次世界大戦が終結すると、イギリスは植民地から撤退を始め、これを機にパキスタンはインドとともに独立国家となるのである。

ただ、この独立はインドとの軋轢を招き、3度にわたる紛争に発展している。

1998年には核保有国のインドに対抗して核実験も行っている。さらに北部のカシミールの帰属をめぐっての争いも続いており、両国の関係はいまだに良好とはいえない状態である。

ベトナム社会主義共和国

——Socialist Republic of Viet Nam

なぜインドシナが東西対立の「発火点」になったか

第二次世界大戦後に始まったのが〝冷戦〟だ。この戦争で国を南北に分断されたのがベトナム社会主義共和国である。ベトナムはインドシナ半島の東岸に沿って細長く伸びた国で、その国境は中華人民共和国と接している。このことから10世紀までは中国の支配下にあった。初めて独立を手にしたのは939年で、ゴ・クエン王が中国軍を破り、ディン王朝を開いたのがその起源にあたる。

その後は中国に支配されることなく李朝、陳朝などいくつもの王朝が続き、勢力の拡大により18世紀までに現在の領土がほぼ確定した。

ところが、その勢力の拡大が思わぬ事態を招く。東南アジアに植民地を広げたいフランスから干渉を受けるようになったのだ。

そして、フランスは1858年にサイゴンを奪うと、さらにその南西にあるプロコンドル島も征服し、1885年の天津条約でこの国の支配者となるのである。

さらに、第二次世界大戦が始まるとその支配者は日本軍に代わるが、その日本軍も太平洋戦争に敗れるとベトナムから撤退し、外国勢力のいなくなったベトナムでは指導者のホー・チ・ミンが社会主義革命を起こして独立国家のベトナム民主共和国を宣言する。

ところが、そこに再び現れたのがフランスだった。この大国の干渉にホー・チ・ミンは徹底して抵抗し、それはインドシナ戦争に発展したのだ。

◆ホーチミンルート

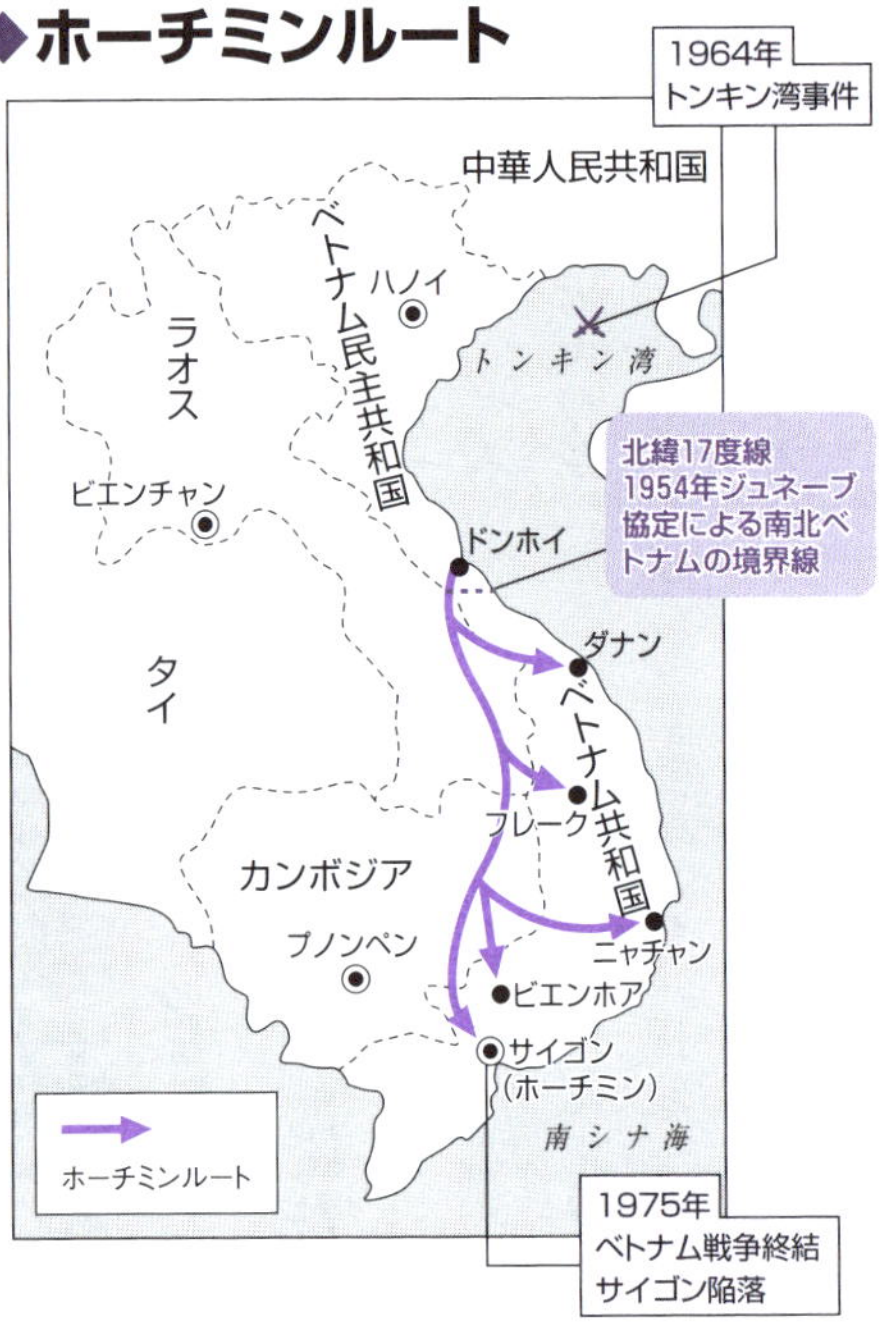

この戦争の背景には、ベトナムを社会主義国にしたくないアメリカの思惑もあった。このため7年半にわたって繰り広げられたインドシナ戦争は、1954年のジュネーブ協定で終結するものの国は南北に分断され、南に資本主義国家のベトナム共和国が発足する。

国家の統一を図りたい北は南ベトナム解放民族戦線を組織して、中国の支援を受けながら南へのゲリラ攻撃を開始した。

戦いはしだいにエスカレートし、やがて南の戦況が危うくなってくると、社会主義の拡大を恐れるアメリカは本格的な軍事介入に踏み切るのである。

これはベトナム戦争と呼ばれるようになり、アメリカが南から撤退する1973年まで10年近く続けられた。

そして1976年に南の政権が崩壊するとようやく南北が統一され、南北1700キロメートルに及ぶ細長いベトナム社会主義共和国が誕生するのである。

◆インドシナ戦争〜ベトナム戦争への流れ

1945年	ホーチミンがベトナム民主共和国の独立を宣言 フランスが南部サイゴンの行政権を支配
1946年	インドシナ戦争開戦
1954年	ジュネーブ協定により休戦 フランスがベトナムから撤退 北緯17度線に軍事国境線を定める
1955年	ベトナム共和国樹立 ディエム政権誕生
1960年	NLF(南ベトナム解放民族戦線)組織
1963年	ディエム大統領がクーデターにより暗殺
1964年	トンキン湾事件
1965年	アメリカが北爆を開始 ベトナム戦争(第2次インドシナ戦争)開戦
1968年	NLFがテト(旧正月)攻勢開始 サイゴンの米大使館を一時占拠。 アメリカで反戦運動が高まる
1969年	ホーチミン逝去
1973年	アメリカがパリ協定に調印 ベトナムから米軍が撤退
1975年	サイゴン陥落 ベトナム戦争終結
1976年	ベトナム社会主義共和国誕生 サイゴンがホーチミンと改名

バングラデシュ人民共和国

——People's Republic of Bangladesh

パキスタンの「飛び地」から独立したベンガル人の国

インド半島の東端にあるバングラデシュ人民共和国は、インドを挟んだ西にあるパキスタン・イスラム共和国から分離独立した国である。

国名のバングラデシュはベンガル語で「ベンガルトの国」を意味し、もともとこの地方にはベンガル人が居住していた。その生活領域もバングラデシュだけではなく、現インドの西ベンガル州と北のアッサム州を合わせた広範なものだった。

その一部はかつてミャンマーのアラカン王朝によって支配され、その後は16世紀にインドのムガル帝国の領土となった。そして19世紀になると、今度はイギリスの植民地となるのである。

イギリスはインドに進出すると、ベンガル地方に東インド会社を設立して半島全域を支配するようになり、そして20世紀初頭にベンガル人の住んでいる地域を植民地として統治しやすいように東ベンガルと西ベンガルに分割してしまうのである。

だが、そのイギリスの支配は第二次世界大戦で終結、1947年にインド半島は独立国家のインドとパキスタンに分かれた。この時、宗教が同じイスラム教という理由だけで現バングラデシュの東ベンガル地方はパキスタンに、西ベンガル地方はインドに分割された。

しかし、パキスタンはインドの西側にある国である。その飛び地となった東ベンガル（東パキスタン）はインドを挟み、実に1600キロメートルも東に遠く離れている。しかも、ベンガル人とパキスタン人は民族もまったく異なっている。

これはベンガルの人々にとっては文化から生活習慣に至るまで、互いにまったく共通点のない国に強引に併合させられたに等しかった。

このような違いはやがて人々を民族運動へと導き、東ベンガルは1971年にパキスタンから独立してバングラデシュとなるのである。

ただ、この国はパキスタンから経済的に自立していなかったことで、独立に際しては危機的な食糧難に陥ることになる。一時は8000万人を超える国民が飢えと闘わなければならず、それは世界的な関心事にもなった。

それも今では克服されたが、国の中央でガンジス川とブラマプトラ川が合流していることから、その後はたびたび洪水の被害にも悩まされるようになり、平和が訪れた後も新たな課題が残されている。

ミャンマー連邦共和国——Union of Myanmar

他国の支配を経て独立後、新政権が発足した仏教国

ミャンマーは北半分の国境を中国とインドに接しており、歴史上、列強国の影響を強く受けたインドシナ半島とインド半島の間に位置している。

この地に最初に王朝を築いたのは、ヒマラヤ山脈の北側から南下してきたビルマ族だ。周辺の勢力をまとめて1044年にパガン王朝を樹立する。

1057年には、海上交易で栄えていたミャンマー南部のタトン国を攻略し、勢力を拡大していた。しかし、そんな栄光も1277年のモンゴル帝国の侵略によって終焉を迎える。元の支配下に置かれると、1299年にはシャン族に攻められ、パガン王国は滅亡してしまうのだ。

国を失ったビルマ族はさらに南下し、16世紀中頃になるとタウングー朝を樹立して再び全国統一を果たす。タイやラオスにあった周辺王朝を征服し、その領土を拡大したが、第2代王の死とともに王朝は分裂する。

１７５２年にはモン族に攻撃されて、一時は王朝を消滅させている。だが、１７５７年、ビルマ族はモン族の王都を陥落させると、ビルマを再統一したのだ。

その後、ビルマは精力的に領土を拡大し、西にもその手を伸ばし始めたが、そこに立ちふさがっていたのはイギリスの支配下にあったインドだった。

ビルマは東に勢力を拡大しようと目論むイギリスと衝突し、１８２４年には戦争に突入する。だが、圧倒的な軍事力を誇るイギリスを前になすすべもなく、海に面した領土を奪われて内陸へと押し込められる形になる。

19世紀後半になるとインドシナ半島を支配していたフランスとインドを支配していたイギリスの対立の結果、イギリスの植民地に置かれる。その後もアジア侵略を始めていた日本に占領されるのだ。

ビルマがこうした帝国主義国から独立したのは、１９４８年1月4日のことだ。

だが、独立後も内部の勢力抗争などで混乱が続き、平穏は訪れなかった。１９８８年にはアウンサン・スー・チー氏が中心となり民主化を要求する反政府運動を起こしたが、政府はこれを武力で制圧。軍事政権が国を治めたビルマはミャンマーと国名を変え、混乱が続いた。

そして今、２０１６年3月に誕生したテイン・チョウ氏を大統領とする新政権が発足、スー・チー氏が国家最高顧問に就いている。

オーストラリア連邦——Australia

〝世界最小の大陸〟にあるイギリス連邦の一国

オーストラリア大陸が、世界地図に初めて登場したのは2世紀頃のことだ。それから、この未知なる大陸であるオーストラリアがヨーロッパの歴史に登場するまでに、実に約１５００年という時間がかかった。

17世紀、ヨーロッパ諸国が富と領土を求めて世界に出発してからのことである。

最初にこの大陸を間近で見たのは、ウィリアム・ジャンツ率いるオランダの調査船だ。１６０２年、東インド会社を設立し、ジャワ島に商館を置いたオランダは、１６０６年「未知の南方大陸」の調査に乗り出した。

この時、ジャンツが見たのは不毛の地である北岸だったため、報告を受けた本国はしだいに大陸への興味を失っていく。

やがて、１７７０年になるとイギリス海軍のジェームズ・クックが大陸の東南岸に到着する。

そこには、オランダが目にすることがなかった肥沃な土地が広がっており、クックは入植可能であることをイギリス政府に報告した。そして、国王の名のもとに領有することを宣言し、「ニュー・サウス・ウェールズ」と命名したのだ。

当初、イギリスはこの地を流刑植民地としたため、流刑者や軍隊だけが送られていたが、1850年頃に金が発見されるとゴールドラッシュに湧き、ニュー・サウス・ウェールズ以外の植民地にも移民者が殺到した。イギリスやスコットランド、ドイツ、ポーランド、中国からも人々が流れ込み、人口は1年足らずで2倍の100万人以上に膨らんだのだ。

だが、金を掘り尽くし、不景気が訪れると各植民地には労働組合が誕生する。それと同時に白人以外の人種を排除しようという動きが高まり、ヨーロッパ以外の国からの移民を受け入れないことを打ち出した移民制限法が制定される。

そんな「白豪主義」の思想を根底に置いたまま、1901年、イギリスの承認を受けてオーストラリア連邦が成立した。

英連邦の一員として出発した建国だったが、第二次世界大戦で日本軍の脅威にさらされたオーストラリアを見放したイギリスと溝が深まり、アメリカとの距離を縮めていくことになる。

イギリスに頼らない国家を模索し始めたオーストラリアは、移民制限法を廃止して世界屈指の多民族国家になり、アジア・太平洋地域の一員として歩み始めたのだ。

シンガポール共和国——Republic of Singapore

マレー半島最南端の要所にある「ライオン・シティ」

シンガポール共和国はジョホール海峡とマラッカ海峡に囲まれており、隣国マレーシアとはジョホール海峡で、インドネシアのスマトラ島とはマラッカ海峡で隔てられている。

シンガポールが世界史に初めて登場するのは3世紀の中国の史書だが、その名を馳せるようになるのは大航海時代が始まる直前の14世紀、スリ・ヴィジャヤ帝国の貿易都市として栄えるようになってからだ。

帝国の時代から「テマセク（海の町）」として知られており、その後はスリ・ヴィジャヤの王子が街でライオンに似た動物を見たと伝えられたことで「ライオン・シティ」と呼ばれるようになった。今日でも国のシンボルにマー・ライオンが使われているのはこれが理由である。

そして、18世紀なるとイギリスがこの国に注目する。当時、イギリスは東インド会社を設立して東南アジアへの進出を狙っていたからだ。マラッカ海峡を航行すればすぐにインド洋に出られ、また周辺の植民地からも距離が近いため、地理的に非常に魅力があったからである。

さらに植民地の獲得をめぐりイギリスとライバル関係にあったオランダが、インドネシア諸島に進出していることも背景のひとつにあった。この動きを封じ込めるためにも、イギリスは軍艦を常駐させる港がどうしても必要だったのだ。

そこで、イギリス人のスタンフォード・ラッフルズ卿は、シンガポールの植民地化を進め貿易港として発展させる。

彼はシンガポールのかつての城の跡に政庁を置くと、ほとんど居住者のいない地域に計画的に市街地を建設した。これが近代シンガポールの始まりだった。

さらにラッフルズ卿はこの港を自由貿易港とした。これにより、たちまち東南アジアで屈指の港に大発展するのである。

19世紀に入ってスエズ運河が開通すると海上貿易がいっそう活発になり、シンガポールはますます世界の主要な貿易港として栄えるようになった。

だが、その一方で独立するまでの道のりは遠かった。20世紀に入ると太平洋戦争により支配者はイギリスから日本軍に代わり、東南アジア侵略の足場として利用されるのだ。

戦後になって自治政府が樹立されるが、初めはマレーシア連邦の1州に組み入れられ、1965年にようやく独立国家となるのである。

スリランカ民主社会主義共和国

――Democratic Socialist Republic of Sri Lanka

「セイロン」が紆余曲折の末に独立を果たすまで

スリランカは古代から仏教文明が根づいた国であり、紀元前3世紀頃にはアヌラータプラを首都とする高度な文明を持ったシンハラ王国が栄えていた。

栄華を誇っていたシンハラ王国だが、1世紀初頭に南インドから来たヒンズー教を奉じるタミル人により滅ぼされる。タミル人はアヌラータプラの都を滅ぼし、新しくポロンナルワに都を建て、ヒンズー朝の国家を樹立したのである。

その後、シンハラ王国も分派して再興するが、シンハラ人とタミル人との抗争は現在にまで影を落としている。

16世紀初頭になると、今度はポルトガルがシナモン貿易を目的としてスリランカにやってくる。当時、スリランカにはシンハラ王国の流れを汲む北部のジャフナ王国、西部のコーッテ王国、中央部のキャンディ王国があったが、シナモンの産地が西南部であったことからポルトガルはまずコーッテ王国と手を組み、緩やかにスリランカ支配を開始したのである。

しかしポルトガルは、キャンディ王国と新勢力のオランダとの同盟軍によりスリランカから追放される。こうして今度はオランダが支配権を握ることになった。

スリランカはそのオランダとも貿易権をめぐり対立するようになると、今度はイギリスと関係を強める。イギリスとオランダはアミアン条約によりスリランカを二重統治した後、1815年にスリランカの内紛に乗じて王国を廃絶、すでに征服していたインド帝国へ編入させ、完全にスリランカを植民地化した。

植民地としてのスリランカでは、19世紀半ばに大規模なコーヒー・プランテーションが開拓され、大きな社会変革の時期を迎える。開拓民として南インドからきたタミル人や土着のシンハラ人はしだいに植民地支配に抵抗するようになる。

抵抗運動の鉾先は主にキリスト教を信仰するイギリス人だったが、たとえシンハラ人やタミル人であってもキリスト教徒であれば容赦なくターゲットにされたのである。

この結果、1948年2月4日にスリランカは独立する。独立後もシンハラ人とタミル人の摩擦はたびたび激化し、1983年には反タミル大暴動が起き、多くの犠牲者を出した。和平交渉の末、2002年に公式停戦の合意が結ばれたが、歴史的に根深い両者の溝はいまだ完全に埋まっているとはいえない。

インドネシア共和国

1万7500の島々からなるイスラム教国

Republic of Indonesia

赤道を中心にして、大小合わせて1万7508の島々からなるインドネシアは、人口も2億5000万人に届くほどの東南アジアの大国である。

インドネシアは多民族国家であるが、その諸民族のルーツは紀元前2500年から1500年頃に中国雲南省周辺から段階的にインドシナ半島を南下して現在の場所に定着したと考えられている。

7世紀頃までは各地でヒンズー教や仏教を中心とした小規模な国家が点在し、それらの国々は主に交易を中心とした大きな国家群として栄えていた。

10世紀以降になると、ジャワ東部にクディリ王朝、中央部にはシンガサリ王朝などヒンズー教国家が興り、13世紀後半のマジャパイト王国時代にはインドネシア各地に勢力範囲を拡大し、一大帝国として興隆した。

しかし、15世紀中頃からインドネシアに来たイスラム系商人の影響で、ジャワ北岸の有力商人たちがムスリムとなる。しだいにムスリム勢力は拡大し、マジャパイト王国と対立し、16世紀初頭にマジャパイト王国は滅びてしまうのだ。

ジャワ北岸から始まったイスラム勢力はジャワ中部まで浸透し、16世紀半ばにはマタラム・イスラム王国を建てるまでに拡大した。

このようにしてイスラム化が進んだインドネシアだが、16世紀末にオランダの国策会社である東インド会社の出現により植民地化され、またもや歴史の転換期を迎える。オランダはジャカルタを貿易活動の拠点として周辺の海域の制海権を掌握し、香料貿易を独占したのだ。

このオランダの支配は18世紀末に東インド会社が倒産するまで続き、19世紀に入るとオランダ政府が直接植民地経営をするようになる。その後、オランダはジャワ以外のインドネシア全域の支配権を握ることに成功し、オランダ領東インドとして統治したのである。

その間、民衆たちの間でも独立化の気運が高まり、20世紀初頭には一時、共産主義勢力も台頭して社会情勢は変化し始めたが、第二次世界大戦で日本軍がオランダ領東インドを破ったことにより、インドネシアは日本の軍政下に入る。

そして、日本が太平洋戦争で敗れた2日後の1945年8月17日にインドネシアは独立を果たし、その後、スカルノ大統領は挙国一致の政治体制を築いたのだ。

マレーシア――Malaysia

マレー半島南部とカリマンタン島を領土とする複合民族国家

マレーシアは古くからインドや中国の商人たちが訪れ、海上貿易の中心地として栄えてきた歴史を持つ。15世紀末に成立したマラッカ王朝時代には、マラッカを中心に海外との貿易で繁栄を極めた。

マラッカではいくつもの言語が飛び交い、かつては4000人もの外国商人が居住していたこともあり、そのなかにはムスリム（イスラム教徒）の商人らもいた。その影響でマラッカ王国の第4代国王ムザッファル・シャーはイスラム教に改宗、マレーシアは完全にイスラム化する。

しかし、当時、東南アジアのイスラム化に対して敵意を燃やす者もいた。それは16世紀にアジア進出を始めたヨーロッパ諸国である。

キリスト教国家が多かったヨーロッパ諸国は、イスラム系商人たちを宗教的理由からアジア貿易の場から排除し始める。このため、交易上の要地だったマラッカも1511年、ポルトガルに侵略され、王国は終焉を迎えた。

首都マラッカを奪われたマラッカ王家の末裔たちは、その後130年にわたりマラッカ奪回のために闘ったが、ポルトガルの堅固《けんご》な要塞を簡単に崩すことはできなかった。

しかし、このポルトガルによるマラッカ占領も、1641年にオランダとジョホール王国連合軍により終止符を打つ。

ジョホール王国とはマラッカ王国の末裔がマラッカ半島の南端に建国した王国で、当時、オランダの東インド会社と交易などを通じて結びつきが強かったのだ。

オランダの協力もあって、ジョホール王国はその後、マレー半島南部を中心に勢力範囲を広げるが、王位争いなど内紛が続き、18世紀末にはリアウとパハンの2王国に分離する。

ここに目をつけたのが、かねてから東南アジアに通商上の港を持つ重要性を認めていたイギリスだった。

東インド会社のラッフルズは1819年、リアウ王国の反王族派をシンガプラ（シンガポール）島に招き、イギリスの植民地建設の条約を承認させ、新たにジョホール王国を樹立させる。

続いて、パハン王国も1895年には事実上イギリス植民地となったのである。

やがて、第二次世界大戦を経た1963年、マレーシアは連邦国家マレーシアとして独立。1965年に連邦政府と対立したシンガポールが分離独立し、現在の領土となったのである。

フィリピン共和国——Republic of the Philippines

植民地支配の影響が色濃く残る南シナ海の群島国家

西太平洋上にあるフィリピンは、北に台湾、南はインドネシアのボルネオ、スラウェシ島の間にある、大小あわせ7000以上もある島々から成り立つ国だ。その中核となる島は全国土の92パーセントを占めるルソン島、ミンダナオ島とビサヤ諸島である。

フィリピンの16世紀以前の歴史は資料的に乏しく、いまだに不明な点が多い。ただし、15世紀半ばにはフィリピン南部にイスラム系のスールー王国がすでに成立していたことが中国の史書に記載されている。

スールー王国は中国の明朝とも貿易などで交流していたが、政治支配も緩やかだったようだ。そんなフィリピンが変貌するのは、16世紀の初めにマゼランがスペイン国王の援助を受けて世界一周の途中に訪れたことに始まる。それから約半世紀後の1565年、レガスピ率いるスペイン遠征隊がセブ島に上陸して進出、1571年にはマニラを首都と定めた。

スペインは主にフィリピンの民衆をカトリックに改宗させることに力を注いだ。カトリック司祭は、宗教的権威により民衆を服従させて植民地統治を行ったのだ。

このスペインの統治は300年以上続くが、19世紀半ばになると、国内で支配層に対して抵抗する動きが現れ始め、ついに、カプティアナンという秘密結社がマニラで武装蜂起する事件が起きる。

当時、キューバをめぐりスペインと戦争状態にあったアメリカはカプティアナンに協力し、マニラ湾に艦隊を侵入させてスペイン軍の撃退を成功させた。

フィリピンの革命軍は1898年6月12日、ついに独立を宣言する。しかし、アメリカはこれを無視し、パリで開かれたスペインとの講和会議では、スペインから2000万ドルでフィリピンを統治する権利を獲得したのだ。

1941年に太平洋戦争が始まると、一時フィリピンは日本の軍政下に入るが、その後、日本が太平洋戦争に敗れると、1946年7月4日に独立を果たす。

戦後、フィリピンは自由党と国民党の二大政党となり、自由党のフェルナンド・E・マルコスが1965年に大統領に就任すると、長期独裁体制となる。

しかし、数々の不正が発覚し、1986年「2月革命」によってマルコスは国外追放となる。その後、民主主義体制が確立し、経済改革も進んでいる。

アフガニスタン・イスラム共和国

――Islamic Republic of Afghanistan

侵略を繰り返される「文明の十字路」

アフガニスタンとは「アフガン族の地」を意味し、その発祥はパキスタンとの国境付近に住んでいた山岳民族だとされるが、現在はパシュトゥーン人、タジク人、ハザラ人、ウズベク人などを主要な民族として構成される多民族国家だ。

この国はユーラシア大陸へと向かう交易路と、隣国インドに向かう交易路とが交差するいわば文明の十字路として栄え、17世紀まではサーマン朝、モンゴル帝国などの異民族によって支配されてきた。

アフガン人による王朝が登場するのは18世紀に入ってからである。サファビー朝が崩壊すると、１７４７年にカンダハールでアフマド・シャーによるドゥラーニー朝が興されるのだ。

アフマド王は周辺国を征服してその勢力範囲を広げるが、それも王の死とともに衰退してしまい、１８２６年にはドースト・ムハンマドを王とするバラクザイ朝に代わるのである。そしてこの新しい王朝には、産業革命後に起きたヨーロッパ列強のアジア進出が待っていた。

アフガニスタンの東では、これまでの強敵だったインドのムガル帝国がイギリスによって滅ぼされ、また北ではロシアが中央アジアの国々を支配下に置くようになっていた。

これによりロシアが南下するのはまさに時間の問題で、アフガニスタンは文字どおり北と東を列強に挟まれるような格好となってしまったのである。

だが、ロシアの南下を食い止めたいイギリスは機会を捉えていち早くアフガニスタンへの軍事介入に踏み切り、それはアフガン戦争へと発展する。そして圧倒的な軍事力により勝利すると、イギリスはこの国を保護領にしてしまうのである。

アフガニスタンが独立するのは1919年で、その後1973年にはクーデターで王制が廃止され共和国となる。これで平和が訪れるかに思えたが、その6年後に今度は旧ソ連からの軍事介入を受けるのだ。

この戦争もソ連軍の撤退により幕を下ろすものの以降は政情不安定となり、やがてそのなかからイスラム原理主義のタリバーンが登場し、この地を支配する。

しかし、2001年にアメリカで同時多発テロが起きると、アメリカ軍はタリバーンを攻撃し、同年にイスラム政権は崩壊する。その後、親米派のカルザイ政権が発足し、2014年には投票によるはじめての民主的な政権交代が行われた。

◆アジア・オセアニア

ロシア連邦
カザフスタン
アラル海
ウズベキスタン
モンゴル
キルギス
トルクメニスタン
タジキスタン
北朝鮮
日本海
韓国
日本
中華人民共和国
イラン
アフガニスタン
パキスタン
ネパール
ブータン
ラオス
インド
ミャンマー
台湾
太平洋
アラビア海
バングラデシュ
ベンガル湾
タイ
ベトナム
フィリピン
ミクロネシア
パラオ
カンボジア
モルディブ
スリランカ
マレーシア
ブルネイ
パプアニューギニア
シンガポール
インドネシア
インド洋
東ティモール
オーストラリア連邦
ニュージーランド

3章

ヨーロッパ

アイルランド——Ireland

隣国イギリスとの関係が、この国の運命を決定づけた

ヨーロッパの西端にあり、大陸から隔絶され、周囲を海に囲まれた島国であるアイルランド。その地理的環境がアイルランドの数奇な運命を生んだといえる。

紀元前7000年頃にピクト人という狩猟民族が渡来して以来、アイルランド島では数千年の間に農耕文化や青銅器文化が生まれた。しかし、初めて社会を形成したのは、紀元前3世紀頃からヨーロッパより渡来してきたケルト人だった。

もともとヨーロッパ大陸にいたケルト人は、ローマ帝国の支配やゲルマン人の移動から逃れるようにしてアイルランドに渡り、「島」という独特の環境で独自の文化を築き上げる。

しかし、そんな島国のアイルランドを大事件が襲う。9～10世紀にかけてバイキングの侵略を受けたのだ。政治的統一のないアイルランド社会は大きく揺らぐが、結局はケルト人とバイキングとが融合した新しい社会や文化が花開く。

しかし、アイルランド内部の権力抗争が激化し、国内は乱れ続けることになる。そんななか、１１６６年にレンスター地方を治めるマクマロー王は、初めてイギリス王のヘンリー2世に援助を求めた。

アイルランドの支配を狙っていた王にとってそれは好機だった。彼はアイルランド諸侯にイギリスへの忠誠を誓わせ、恒久的な中央集権政府を組織する。それは現在も続くイギリスの政治的介入および干渉の歴史の始まりとなった。その後、狭い海峡を渡ってくるイギリスからの入植者が急増し、１６５２年にアイルランドは完全に植民地となる。

さらに１８０１年には、イギリスによるアイルランド併合という事態に至る。しかし、あくまでも独自性を保ちたい国民の間に独立をめざす気運が高まった。

１９１４年に成立したアイルランド自治法は第一次世界大戦のために保留になったが、その8年後に成立したアイルランド自由国はイギリスの自治領となり、さらにイギリス連邦内の共和国となる。ようやくイギリス連邦脱退が実現したのは１９４９年のことである。

しかし、今も北アイルランド6州は海峡を挟んだイギリスの統治下にあり、アイルランドへの統合を求める人々とイギリス統治下残留を希望する人々とが共存して、互いに緊張関係にある。

辺境の島国である独自性と、国境を接する大国イギリスの影響力との狭間で、今日もなおアイルランドは揺れている。

イタリア共和国——Republic of Italy

ローマ帝国、ルネサンス…地中海に囲まれた半島に遺る歴史の痕跡

イタリアは、あの長靴の形をした半島と地中海に浮かぶシチリア島などの島々から構成されている。

温暖な気候で、さらに国土の三方を地中海に囲まれ、地中海貿易の拠点として理想的な位置にあることからこの地には古代より人が住み、早くから歴史が刻まれてきた。

半島中部に都市国家が形成され、やがてローマ帝国としての国家が成されたのは紀元前７５３年であるとされる。これは王政による支配だったが、しかしこのあたりは伝説の域を出ず、史実として確かなことかどうかはわかっていない。

歴史的事実とされるのは、その後、紀元前27年までの間に都市国家が発展して、地中海全域に属州を持つ広大な帝国が築かれ、そこで共和政が敷かれたということである。

共和政ローマは領土の拡大を図り、周囲を次々とその支配下に置いていった。特に、紀元前

280~272年、タレントゥムとの戦いでギリシャ人に勝利したことで事実上イタリア半島を完全に掌握し、ここに国家統一が完成する。

さらにポエニ戦争によって、地中海貿易における宿敵ともいえるフェニキア人の植民都市カルタゴを陥落させ、ついにローマ帝国の力を決定的なものとした。

こうしてローマ帝国は、紀元前2世紀には地中海の西方のほとんどの地域を支配下に置く強大な国となる。

その領土拡大の勢いは留まらず、さらに東方へと勢力を伸ばしてマケドニア王国やセレウコス朝をも滅亡させ、地中海世界の覇者として君臨することになるのだ。

しかし、繁栄は長くは続かない。その体制は内部から揺らぎ始める。

ローマ政治の母体はあくまでも都市国家である。領土が拡大すればするほど、その統治の限界が見えてきた。政治が遠方まで行き届かず、各地で反乱が起こり始めたのだ。

紀元前73年に起こった有名なスパルタクスの乱の後には、カエサル、クラッスス、ポンペイウスによる三頭政治が始まったが、カエサルの独裁政治に民衆の不満が募ってますます政治は混乱する。

100年あまりも続いた内乱の時代が終わったのは、カエサル暗殺後、元老院からアウグストゥスの称号を受けたオクタヴィアヌスにより国内が平定された紀元前27年以降だ。

小国乱立時代を経て誕生した統一国家

オクタヴィアヌスはその後、実質的な皇帝となり、ローマ帝国は事実上の帝政となる。これによりローマ帝国は、パックス・ロマーナ（ローマの平和）と呼ばれる最盛期を迎えたのだ。

しかし3世紀以降は、広大な領土のいたるところでゲルマン民族の侵入に脅かされるようになり、さらに国内の経済状態が悪化して再び内乱も勃発し始める。

皇帝は、キリスト教を国教に定めることで人民の平定をめざしたが、紀元395年には、ミラノを首都とする西ローマ帝国と、コンスタンティノープルを首都とする東ローマ帝国とに分裂。そして476年には、ゲルマン民族大移動の混乱のなかで西ローマ帝国が滅ぼされる。

774年にはフランク王国のカール大帝が北イタリアに攻め込み、北部イタリアをフランク王国の一部とした。

だが、フランク王国分裂後、イタリアにできた中部フランクは875年に断絶する。その後は誰がイタリアを治めるかをめぐってしばしば戦闘状態になった。このような状態が数百年も続いたのである。

その間、地の利を生かした貿易都市ができて商業が盛んになり、ルネサンスや宗教改革の舞台となるなど、歴史に華やかな痕跡を残した。だが、16世紀には海洋貿易の舞台は地中海から

◆統一される前のイタリア

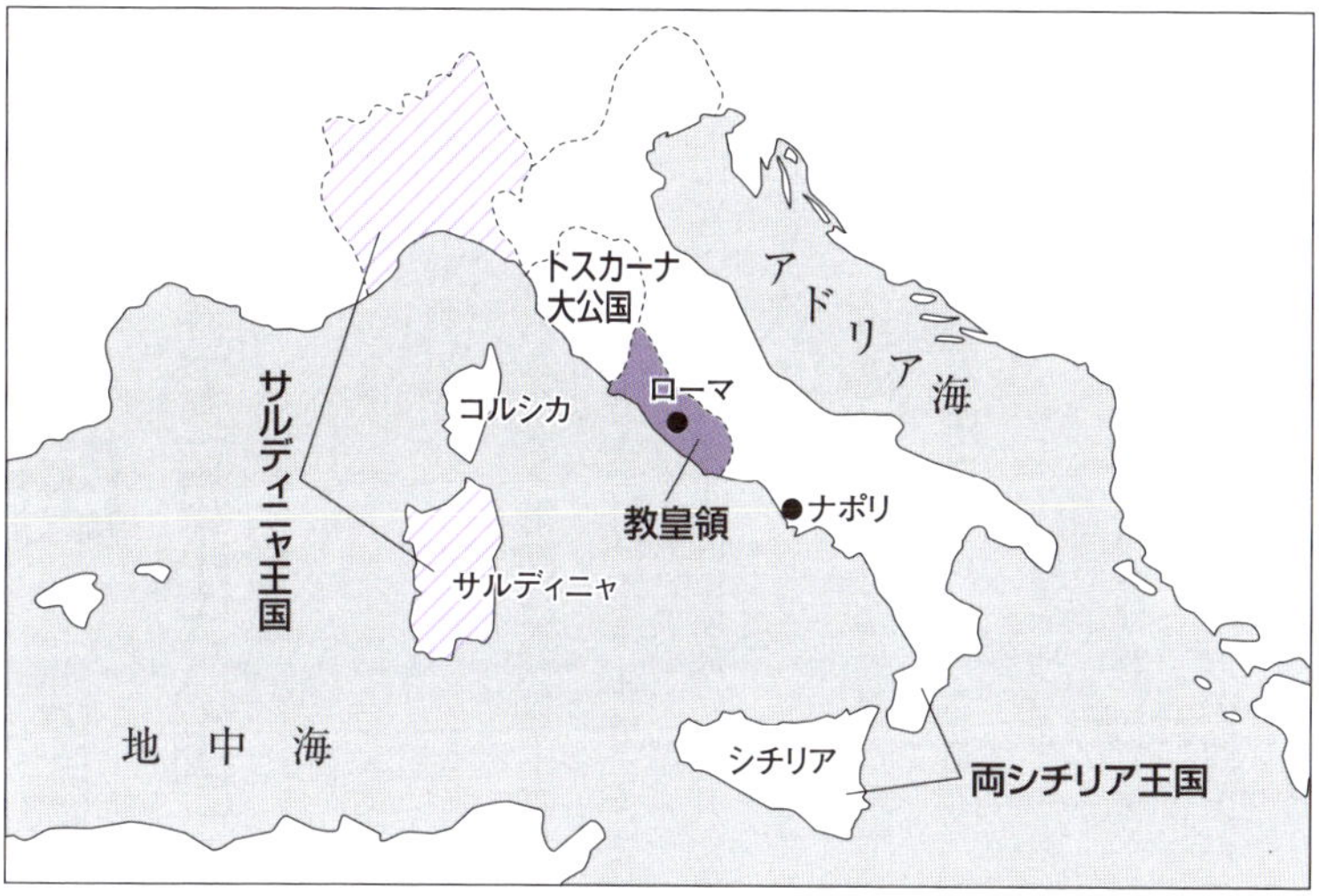

大西洋に移り、イタリアの弱小な国家は外国の勢力下に置かれてその勢いが鈍っていく。

18世紀末にローマに共和制が成立するが、外国からの干渉も激しかった。その後ナポレオンがイタリア全土を支配下に置くが、失脚後は元の分裂状態に戻る。

その混乱の状態に終止符を打ったのは、サルディニア王エマヌエル2世だ。1861年にイタリア王国を設立して、国土の統一に成功したのである。

第一次世界大戦では、ドイツやオーストリアと三国同盟を結んでいたものの連合国として戦い、戦勝国となる。その後ファシスト党が政権を握り、第二次世界大戦では積極的な侵略策をとるが、結局は敗戦国となり、1946年の国民投票で共和制国家となるのである。

バチカン市国

ローマ市内に「世界で一番小さい国」ができるまで――State of the City of Vatican

イタリアにあるバチカン市国は、ローマ教皇が元首を務める世界で一番小さな国だ。その総面積はおよそ0・4平方キロメートルで、これは東京ディズニーランドとほぼ同じ面積である。

今からおよそ1700年前、繁栄に陰りが見え始めたローマ帝国では市民の求心力を高めるため、時の皇帝コンスタンティヌスがキリスト教をミラノ勅令により公認した。

そしてキリスト教徒に布教活動を認める証として、迫害により処刑された聖ペトロの墓所があるバチカンに教会を建造させたのである。こうしてローマ市内に教会が建てられローマ司教がそこに移り住むと、そこはカトリックの総本山として発展するようになった。

やがて、ローマ帝国が東西に分裂して滅亡へと向かうと、後ろ盾が失われたことで、バチカンのあるラヴェンナ地方はイタリアのロンバルト王のものとなった。

しかし、これに対してフランク王国のピピンは兵を挙げるとラヴェンナ地方を奪い返し、それをそのままローマ教皇に寄進するのである。これが756年の「ピピンの寄進」と呼ばれるもので、フランク王国はこれによってヨーロッパ全土に勢力を広げていくのである。

その後成立したイタリア王国がバチカンの土地を接収すると、聖域の復活を望む教皇はイタリア王国との関係を断絶し、その願いが叶えられる170年もの間バチカンから一歩も外に出ることがなかった。

両者の関係を修復したのは1922年に政権の座に就いたムッソリーニで、彼は1929年に教皇とラテラノ条約を締結するとバチカンを独立国家として認めたのである。

独立国家といってもカトリック教会の最高機関という位置づけが変わったわけではない。国家であっても政治は聖職者により構成されたバチカン市国委員会で決定し、市国政庁がそれを執行している。

今でもバチカンの住人のほとんどは聖職者だ。〝聖なる国〟であることは今も昔も変わっていない。

◆バチカン市国

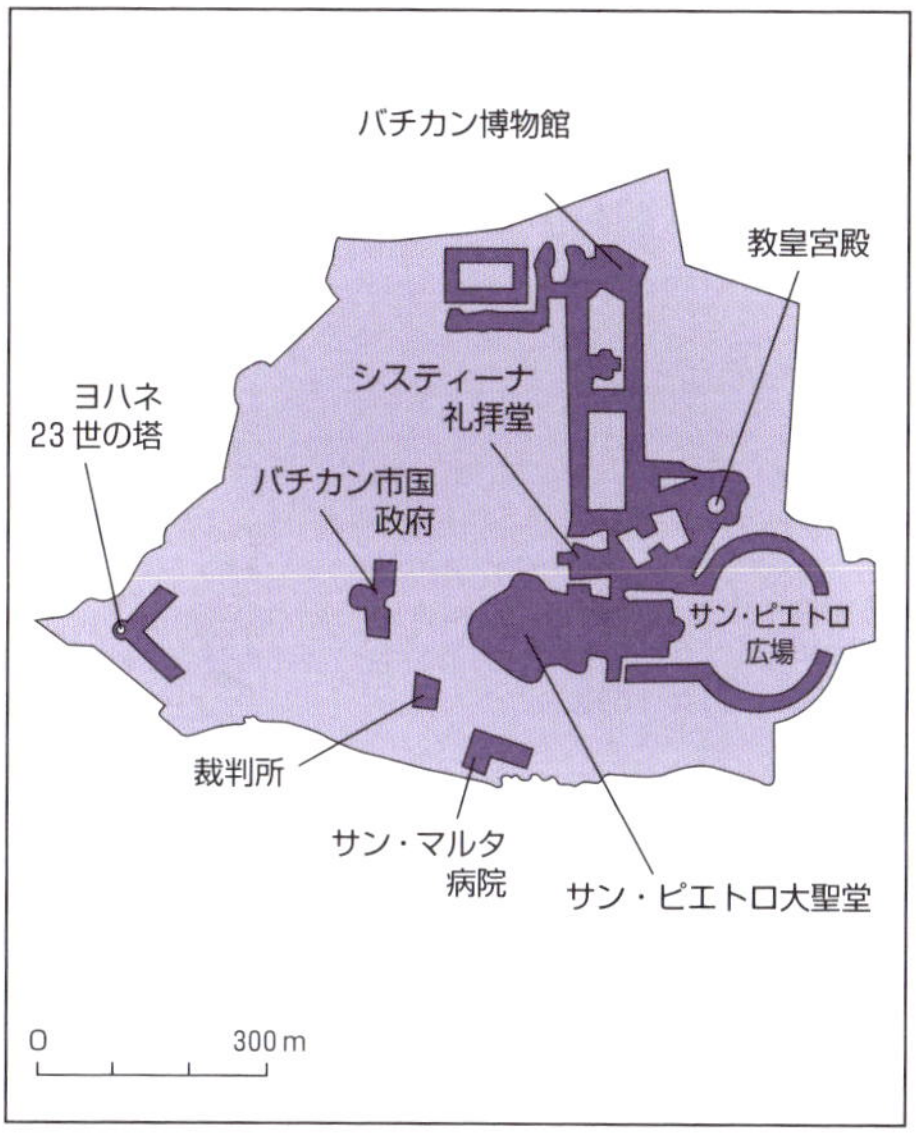

オーストリア共和国——Republic of Austria

アルプス山脈を〝要塞〟に持つハプスブルク家の支配地

オーストリアは、アルプス山脈という巨大な自然の要塞の上に位置する国家だ。そのために周囲の侵入が困難となり、その優位性と独立性が保たれるのである。

現在は音楽や美術における比類なき文化を有する国として知られるが、第一次世界大戦まではイギリスやフランスなどと並ぶヨーロッパの5大列強のひとつだった。さらにさかのぼれば、約６５０年もの間、ヨーロッパに君臨するハプスブルク家の本拠地として栄えていた。

ハプスブルク家はもともとライン川上流付近を治めた実力者であり、当初はスイスが本拠地だった。１２７３年にハプスブルク伯ルドルフが神聖ローマ帝国の君主に選出されて繁栄の時代を迎えるが、その頃からオーストリアに本拠を移し、オーストリア公となる。

以後は、優れた政治手腕と婚姻関係を利用することで、ネーデルラント、スペイン、ナポリなどの国々を手中に収め、さらに、東欧も皇帝カール5世のもとで最大の領土を治めるに至る。

「日の沈まぬ大帝国」といわれたのはこの頃である。

その後、スペイン系ハプスブルク家とオーストリア系ハプスブルク家とに分裂し、神聖ローマ皇帝はオーストリア系が継承することになった。

ところが1740年にカール6世が没すると、ハプスブルク家を弱体化させたいプロイセンやフランスとの間にオーストリア継承戦争が起こる。周辺諸国も巻き込んだこの戦いは8年後のアーヘン条約でようやく終結した。

しかし、フランス革命を経てナポレオンの時代が到来すると、神聖ローマ帝国は消滅して、ヨーロッパは新しい枠組みの時代を迎える。

神聖ローマ帝国解体後のハプスブルク家は「皇帝」を名乗り、オーストリア帝国を築いて国家の権威を保つが、しかし周辺諸国との対立、戦争での敗退などで国際的地位は低下し、また、国内に共存する多数の民族の間に自治を求める動きが広がり、国内も揺らいだ。

一時的にオーストリアとハンガリーとの合体が成されて二重帝国が成立し、世紀末の華やかな繁栄を見せるが、第一次世界大戦を通してハプスブルク家の権威も失墜していく。

第二次世界大戦ではナチスドイツに併合され、戦後は一時的に連合国に分割統治されるなど、小国ゆえの不遇の時代が続くが、1955年にようやく永世中立国として独立を回復するのである。

オランダ王国

スペインから独立し、17世紀に一時代を築く

——Kingdom of the Netherlands

かつてネーデルラントと呼ばれたオランダは、港湾都市として大いに繁栄した時期がある。ライン川の周囲を中心に発展し、15世紀頃には毛織物産業で栄え、経済的に豊かな地域だった。

神聖ローマ帝国の時代にはブルゴーニュ公国の一部となったが、その後はハプスブルク家の所領となり、ハプスブルク家がオーストリア系とスペイン系とに分かれるとスペイン系の支配下に置かれる。それがこの国の運命を変えるのだ。

フランドル地方にある港湾都市アントワープ（現在はベルギー）はアジア貿易で得た香料など多くの物資が集まり、ヨーロッパ経済の重要地点だった。

そこでスペイン王フェリペ2世はこの富裕な都市に重税を課したのだが、これに対して商工業者が不満を募らせる。また、ネーデルラントはプロテスタントが多かったが、敬虔なカトリックだったフェリペ2世はこれを厳しく弾圧したため、それに対する反発も大きかった。

それらの不満や反発がスペインからの独立の気運と結びつき、1568年、オランダ独立戦争が勃発したのだ。この戦いで南部はスペインに屈するが、北部7州は1579年にユトレヒト同盟を結び、ネーデルラント連邦共和国が成立する。

その後はアジア貿易に乗り出して大きな富を得るほか、優れた造船技術をもとにヨーロッパのほかの国にも船舶を提供する。その結果、アムステルダムを中心に「海上帝国」としての繁栄を築いた。

一方で、スペインとの戦いは終わらなかった。海を制するものが世界を制するといわれた時代、スペインが大西洋の覇権を握ることを避けたいイギリスはスペインの無敵艦隊を破るなどしてネーデルラントを支援した。その結果、1648年のウェストファリア条約でネーデルラントの独立が承認され、戦争が終結した。

しかしその後は、海上覇権を狙うイギリスの勢力に押されて国力が弱まる。フランス革命が起こると革命軍によってネーデルラントは占領され、ナポレオンの時代にはフランスの直轄地となった。そしてナポレオンが失脚すると、1813年、ウィレム1世により南部ネーデルラント（ベルギーなど）を含むネーデルラント連合王国を設立したが、第二次世界大戦ではまたもナチスドイツに占領される。

1948年にユリアナ女王が即位し、ようやくオランダ王国が誕生するのである。

ギリシャ共和国——Hellenic Republic

エーゲ海で育まれたヨーロッパ文化の〝源流〟

ギリシャという国家が成立するうえで最も重要だったのはエーゲ海だ。ギリシャの源流とは、エーゲ文明なのである。

エーゲ海の周辺に人々が定住したのは新石器時代だ。エジプトやシリア、東ヨーロッパ方面などから独自の文化を携えた人々が移住してきた。紀元前２６００年頃には青銅器時代が始まり、海上貿易の拠点だったクレタ島を中心にエーゲ海周辺独特の文化が形成される。

ところが、このクレタ文明は紀元前１４５０年頃に突然滅亡してしまう。半島部に南下してきたインド・ヨーロッパ語族の一派がその滅亡のきっかけだったのだが、その人々が現在のギリシャ人の源流となっている。彼らはペルポネソス半島を中心に王宮などを建設し、青銅器文化を持つミケーネ文明を築いた。

このように、エーゲ海を中心にして現在のギリシャの母体を形成したこれらの文明を合わせて、エーゲ文明という。

しかし紀元前1200年頃から、鉄器文化を持つドーリア人やアカイア人などが侵入し、先にギリシャ本土に定住していた諸部族を支配、あるいは追放する。

こうしてエーゲ文明は崩壊し、文字さえも失われたので、この後数百年は歴史的記録がいっさい残されなかった。そのためにギリシャの暗黒時代と呼ばれる。

その後、新しいギリシャ人たちは、地中海における海運を掌握して海上貿易で富を得て新たな文明を発展させる。紀元前8世紀頃からはポリスという都市国家の建設が始まり、これが発展してギリシャは最盛期を迎えることになるのだ。

だが、すでに触れたように、その後のギリシャは紀元前4世紀にはマケドニアの支配下に置かれ、その後はローマ帝国の勢力に飲み込まれた。ローマ帝国が東西に分裂すると、東ローマ帝国においてギリシャ世界が継承され、独自のビザンチン文化を繁栄させる。その後はトルコに滅ぼされ、約400年にもわたる厳しい弾圧の時代を迎える。

しかし1821年にギリシャ独立戦争が始まり、1829年に独立するとその後は共和制となったり王政が復活するなど、政治体制が揺れた。第二次大戦後は安定した発展を続けてきたが、2007年以降は経済的危機に陥り、巨額の財政赤字も発覚。EUを巻き込んだデフォルト問題に発展したが、緊縮財政策が支持されて危機はひとまず沈静化している。

イギリス
——United Kingdom of Great Britain and Northern Ireland
大西洋の島国が世界に冠たる「大英帝国」を築いた経緯

北海に位置する西ヨーロッパの国イギリスは、グレートブリテン島とアイルランド島の北部、さらに周辺にある大小1000以上もの島々からなる国だ。

そんな島国という特殊な環境の下、ヨーロッパ大陸での民族移動や侵略などの影響を受け、先史以来、さまざまな民族によって攻め込まれてきた。

そのためにいくつもの民族の支配下に置かれ、そのたびに社会のあり方が変化した。

紀元前5000年頃、グレートブリテン島に住み着いたのは大陸から移動してきたケルト人だった。その後、巨石文化を残したイベリア人も移住してきた。

この島に初めて国家を形成したのは、紀元前300年に入ってきたブリテン人である。しかし、繁栄の時代は続かなかった。紀元前55年にはローマのカエサルに攻め入られ、西暦43年にはローマ人の支配下に置かれたのだ。

◆ノルマン人の英国占領

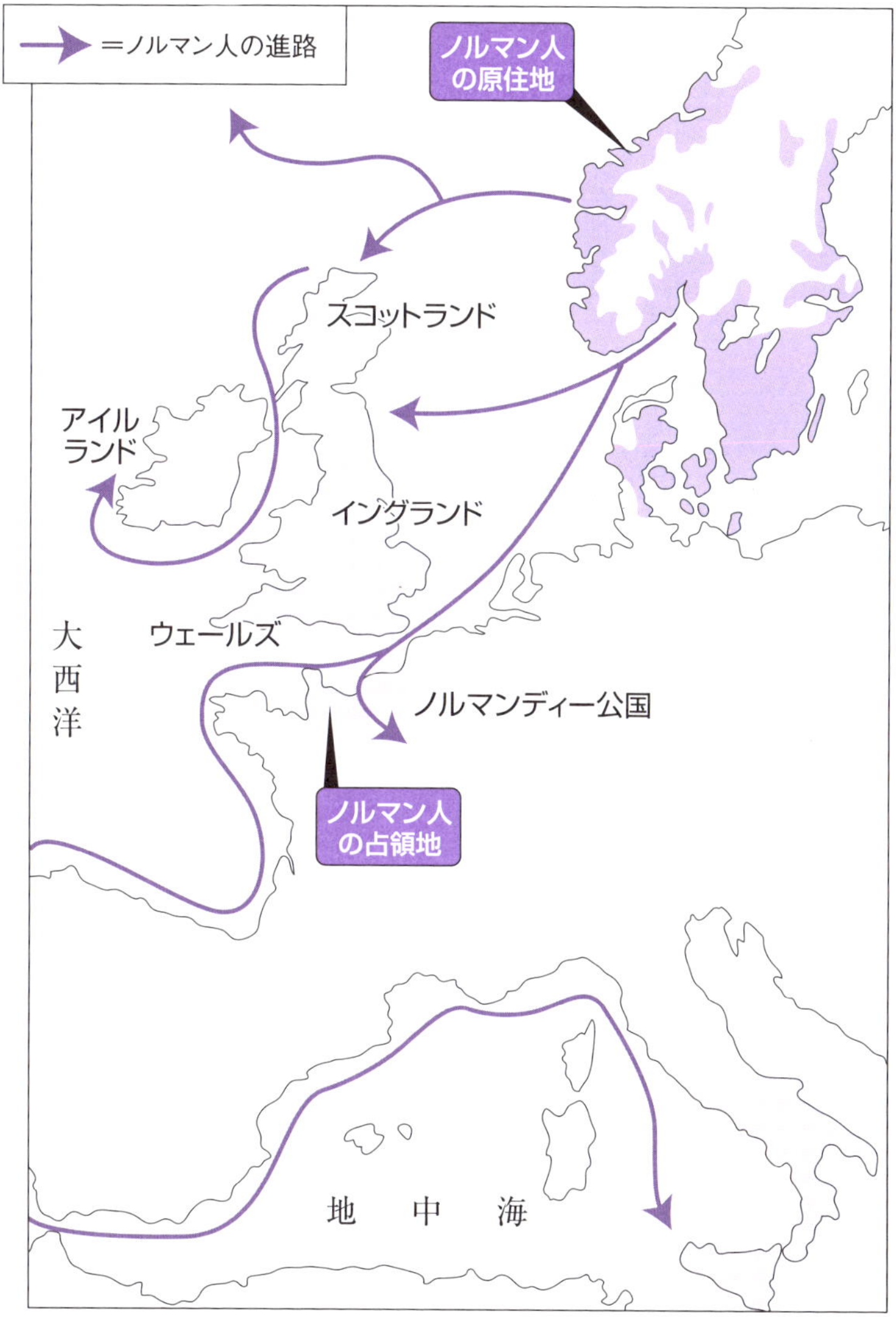

=ノルマン人の進路
ノルマン人の原住地
スコットランド
アイルランド
イングランド
ウェールズ
大西洋
ノルマンディー公国
ノルマン人の占領地
地中海

5世紀に入って西ローマ帝国がゲルマン系の民族の侵入によって混乱して弱体化すると、ローマ人はグレートブリテン島の支配を諦める。代わりに島に入ってきたのは、ゲルマン系のアングロサクソン人の部族だった。彼らはグレートブリテン島南部に小国家群を築いて、後のイングランド文化の基礎となる社会を形成するのである。

そして9世紀の初めには、ウェセックス王国のアルフレッド大王によって社会の統一が成功する。これが現在のイングランド地方の歴史に連なっている。

その一方で、ウェールズ地方にはゲルマン人の支配から逃れ、ローマ人から取り残されたケルト系民族がそのまま住み続けた。同じようにケルト人が住むスコットランドやアイルランドとともに、新たな社会をつくり始めていたのだ。

ただし、その後のスコットランドは、ケルト系のピクト人やアイルランドから移住してきたゲール人、イングランドから流入してきたアングロサクソン人、さらにはバイキングの侵入に遭い、民族的にも社会的にも混沌とした歴史を歩む。

その後、9世紀後半になると、デーン人（バイキング）が頻繁に侵入するようになり、11世紀初めにイングランドはデンマーク王クヌートに征服される。

そのデンマークの支配が約50年で終わると、王位継承をめぐる争いが起こる。その結果、アングロサクソン人による王朝支配が終わり、代わって成立したのがノルマン朝である。

この時のイングランド征服は「ノルマン・コンクエスト」と呼ばれ、現在のイギリス王朝の始まりとなっている。一方、ウェールズでは13世紀まではケルト系の小国家が存続していた。しばしばイングランドと衝突しながら独自の統一社会を築こうと試みたが、イングランドに打ち勝つことができず、最終的には支配下に置かれている。

その後、イギリスは国土拡張のための戦争や、大航海時代における海外貿易、植民地経営によって勢力の拡大を図る。ヨーロッパの列強として不動の地位を築こうとしたのだ。しかし、王位継承をめぐる争いが絶えず、国内は安定しなかった。

そして、女王エリザベス1世の時代になり、絶対主義による国家統一が成されると、ようやく世界的に不動の地位を築き始める。

さらに、18世紀後半から19世紀にかけての産業革命により経済的基盤が安定すると、帝国主義国家として成長する一方で、自由主義的な政策も整い、しだいに国力が培われていく。

特に、産業革命の原動力のひとつにもなった大西洋における貿易の成功は都市を発展させ、労働問題を生み出すなど新しい市民社会が築き上げられていった。

やがて、20世紀に入ると他の列強との争いが熾烈になるが、2つの大戦を通して不動の地位を勝ち得る。エリザベス2世は90歳を迎え、在位期間最長となっている。

スイス連邦——Swiss Confederation

アルプス山脈の麓で独自の存在感を放つ「永世中立国」

国土の4分の3をアルプス山系とジュラ山系が占めるスイスは、平野部がわずか4分の1しかない。だが、現在スイスが永世中立国として独自の存在感を保っているのも、こうした地理的条件が大きく関係しているのだ。

スイス人の祖先は、紀元前4世紀に移住してきたケルト人である。しかし紀元4世紀にはゲルマン人が流入してきて、フランス語、ドイツ語、イタリア語を話す部族が混在するようになった。6世紀にはフランク王国の支配下に置かれ、さらに11世紀までの間にスイス全域が神聖ローマ帝国の勢力下に置かれるのである。

しかし、ハプスブルク家の支配から逃れるために各州は同盟を結び、団結してスイスの独自性を守り抜こうとした。長年にわたって紛争などが繰り返されて、ようやく1648年に神聖ローマ帝国からの独立を果たす。

ところが、1798年にフランスからの圧力に屈する形でヘルヴェティア共和国が誕生した。これはフランスによる傀儡《かいらい》政権だったが長く続かず、ナポレオンにより従来の政治体制に戻される。そしてナポレオンが失脚すると、1815年のウィーン会議でヨーロッパ列強の求めに応じて永世中立国となるのだ。

その大きな理由となったのは、スイスの地理的環境だった。内陸部にあり、しかも周囲の複数の大国と国境を接している。もしもその周囲の国のいずれかと手を結ぶようなことになれば、他の国にとって戦略的な脅威となる。

そのために列強は、スイスにどの国とも接近することなく中立の立場を貫くことを求めたのだ。

永世中立国といっても、武力を放棄して平和的中立を守り抜くという意味ではない。むしろ「武装することによって他国からの支配を受けない」という考え方が中心である。実際スイスには厳格な兵役制度があり、軍備も充実している。

ヨーロッパ列強はスイスの地理的環境を考えて、特定の周辺諸国と手を結ぶことを警戒したが、これは裏を返せば、スイスは常に周辺諸国から攻めこまれるリスクを負っていることでもある。

さらに、自国の有事の際にも他国に助けを求めることはできない。特定の国と接近して親密な関係をつくることができないからだ。このような土地特有の事情があるためか、国内には多くの国際機関の本部が置かれている。

スウェーデン王国――Kingdom of Sweden

スカンジナビア半島の国がバルト海を席捲した時代とは?

スウェーデンの国土はスカンジナビア半島の東岸のみだが、かつてこの国はバルト帝国と呼ばれ、バルト海を囲む広大な領土を有していた。

バルト海は、8世紀頃から貿易の舞台として船舶の往来が盛んになっていった。バイキングはこの海を渡って大西洋や北海に向かい、またバルト海に注ぐ多くの川を利用することで黒海方面を舞台にした商売もしていた。

中世になると、北ドイツを中心に結ばれた北部ヨーロッパの経済同盟であるハンザ同盟の都市がバルト海貿易の主役となった。しかし時代が進むと、ドイツ以外の国もバルト海貿易に積極的に乗り出してきた。そのなかで特に勢力圏を拡大したのがスウェーデンである。

なかでも、17世紀のグスタフ2世アドルフの時代には覇権を争っていたデンマークを打ち破り、ポーランドからは重要都市を奪い取り、ロシアの内戦に介入してカレリア、イングリアという土地を手に入れて領土を拡大する。

さらにハプスブルク家に対抗する国々が1618年に起こした三十年戦争の後、ウェストファリア条約によってドイツに領土を持ち、バルト海周辺の地域のほとんどを版図に収めるに至った。

それ以降もデンマークとの戦いに勝利するなどして、バルト海の制海権を確実に手中にする。こうしてスウェーデン大国時代ともいえる時代が続くのだ。

ところが、周辺諸国も黙っていたわけではない。ロシア、デンマーク、ポーランドの3国は「反スウェーデン同盟」を結び、やがて1700年から1721年にかけての大北方戦争へと発展する。

結局、この戦争でスウェーデンはバルト海沿岸の主導権をロシアに奪われ、大国の座から滑り落ちてしまう。スウェーデンの短い繁栄の時代が終わったのだ。

その後、国内で王権が弱体化すると、フランス王国に接近して国力を維持しようとする。しかし、19世紀になると北欧はヨーロッパに狙われることになる。

北欧を統一しようとする汎スカンジナビア主義が盛り上がり、スウェーデンもこの勢いに乗ろうとしたが、もはやその力は無く、スウェーデンに過去の繁栄が戻ることはなかったのである。

その後は民主化が進められ、2つの大戦では中立の立場を貫いた。現在は立憲君主制をとり、福祉国家としてその名を世界に知られている。

スペイン——Spain

世界に植民地を拡げたイベリア半島の帝国の「その後」

大西洋と地中海に囲まれたイベリア半島にあるのがスペインである。ピレネー山脈をはじめ半島内にいくつも山脈が並ぶため気候風土はもちろん、歴史的にも他のヨーロッパ諸国とは異なる特徴を持つ。それはキリスト教とイスラム教が融合した独特の文化である。

この2つの宗教がヨーロッパの西に突き出たイベリア半島を舞台に、かつて激しい勢力争いを繰り広げていたことをスペインは今に伝えているのだ。

紀元前12世紀頃からイベリア半島にはフェニキア人が進出してきて、先住民のイベリア人に数字や文字を教えた。やがてこの地域に社会が形成され、周囲を海に囲まれている地理的条件を活かして、地中海貿易の拠点として栄えていく。そのために紀元前2世紀になると、地中海貿易の覇権をめぐって対立していたローマとカルタゴの両方から狙われるようになる。

そして、その両者が戦ったポエニ戦争後は、勝者であるローマの支配下に置かれる。その後、長い間イベリア半島はローマ帝国に属することになるのだ。

ところが、8世紀の初めにまったく異なる文化や宗教を持つ勢力が台頭してくる。イスラム教勢力のウマイヤ朝である。ウマイヤ朝は、北アフリカからジブラルタル海峡を渡ってイベリア半島に侵入してきた。

当時のイベリア半島は、ゴート人が建国した西ゴート王国に支配されていたが、そのゴート王国を支配下に置き、実質的にイベリア半島を属州とする。イベリア半島はイスラム勢力のものとなったのだ。

ウマイヤ朝は750年に滅び、その後、後ウマイヤ朝が再興するが11世紀に入ると衰退し、小王国が分立する時代が始まる。イスラム教に基づくセビリャ、トレド、グレナダ、バレンシアといった王国ができるのだ。

この状況を見て乗り出してきたのが、キリスト教勢力である。

レコンキスタ後、世界に版図を拡げる

1085年、イベリア半島のイスラム文化の中心地でもあったトレドに、キリスト教勢力であるカスティリア王国が攻め込む。その結果トレドは滅亡したが、これをきっかけにキリスト教とイスラム教との争いが始まったのだ。

イスラム勢力は北アフリカのムラビト朝に援助を求めて、一時的にキリスト教勢力を駆逐することに成功した。ところが、イベリア半島の小王国とムラビト朝の対立が深刻化し、イスラム勢力の結束力が低下し始めていた。

すると、これを機に一気に影響力を拡大しようとするキリスト教徒たちが攻め入り、各地でキリスト教勢力とイスラム教勢力の衝突が繰り返される。その結果、キリスト教勢力はイスラム教勢力を次々と駆逐していくのだが、これをレコンキスタ（再征服運動）という。

この時、大きな力を持つようになったのが、新興のポルトガル王国、カスティリア王国、アラゴン王国などで、このうちカスティリア王国とアラゴン王国とが合併して、スペイン王国が誕生する。このスペイン王国は、１４９２年にナスル朝グラナダ王国を滅ぼし、ここにレコンキスタが完了するのである。

そしてその後は、地中海や大西洋を舞台にした海外貿易の主役ともいえる地位を築き、国力をつけていく。いわばスペインの黄金時代が訪れるのだ。

このように、どちらが主導権を握るかで数百年もの間争ったキリスト教徒とイスラム教徒だが、この両者が同時にイベリア半島に存在したことで、ヨーロッパのほかの国にはない独特の文化を生み出すことになったのも事実である。

17世紀になり制海権を失うとスペインの繁栄は終焉を迎え、18世紀にハプスブルク家が断絶

◆12世紀頃のキリスト教とイスラム教の勢力図

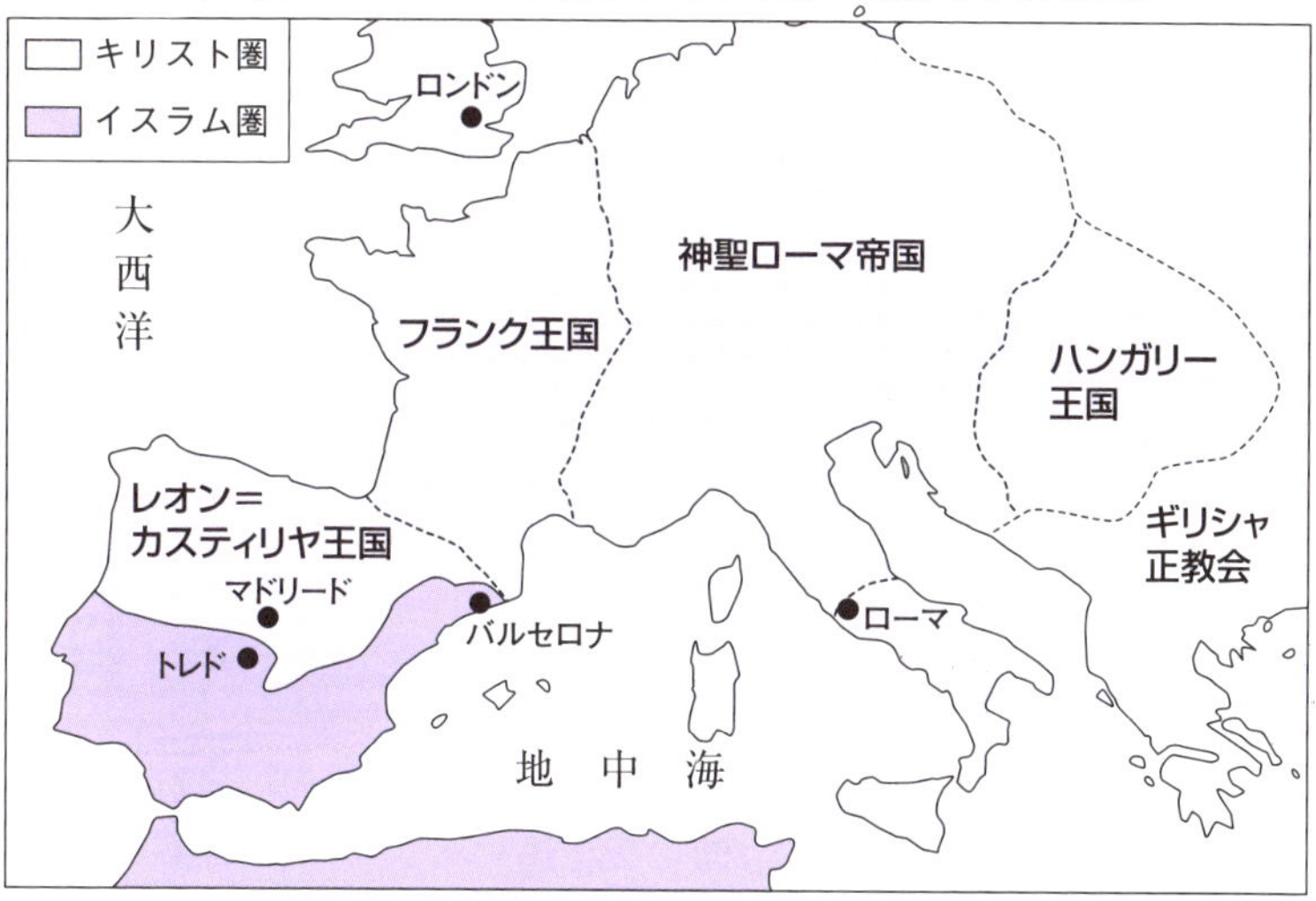

し、スペイン継承戦争が起こるなどして国内は混乱し勢力を弱める。

政治の混沌は、右派と左派の対立に形を変えてさらに先鋭化していった。1936年に起こったスペイン内戦は、第二共和制を敷いていた時に起こった人民戦線とファランへ党総統フランコ将軍率いる右派の戦いだった。

人民戦線をソ連が、フランコをドイツ・イタリアが支援し、第二次世界大戦の前哨戦といわれるほどイベリア半島を深刻な状況に陥れるのだ。

内戦の結果、スペインにはフランコ政権による独裁政治が始まるが、国際社会から孤立して深刻な立場に置かれる。フランコの死によってスペインの新しい時代が始まるのは、1975年以降のことである。

デンマーク王国——Kingdom of Denmark

バルト海に面するかつての「海上帝国」

バルト海と北海に囲まれたユトランド半島、そしてその周辺に散在する数多くの島から構成されているのがデンマークである。この地域では8世紀から11世紀にかけてノルマン人であるバイキングが一時代を築き、貿易や侵略を重ねていた。

その勢力はスカンジナビア半島南部にも及び、11世紀初頭にはカヌート大王が治める大国にまで成長したが、その後は周辺諸国、特にスウェーデンとの戦いに敗れて急速に国力が衰えていく。

しかし、かつてバイキングによって築かれた海洋国としての勢いが失われたわけではない。17世紀以降、デンマークは再び海外に植民地を増やし、交易によって勢力を拡大、デンマーク海上帝国と呼ばれる時代が始まるのである。

その端緒となったのは、1616年にインド進出の足がかりとして設立された「デンマーク東インド会社」だった。

クリスチャン4世が推し進める重商主義に基づき、イギリスやオランダとの協調関係を背景にして、これ以降は積極的に植民地を増やしていく。

デンマークは海運力の低さを外国との関係を強化することで補ったのだ。

特に、イギリス・オランダとの友好関係は大きな支えだった。バルト海における海上覇権を手にできなくても、これら大国の援助によってデンマークは遠方へまで交易範囲を広げることができたのである。

最盛期は17～18世紀だ。西アフリカ沿岸や西インド諸島などを次々と植民地にしていき、貿易国としての黄金時代を迎えるのである。

しかし、この海上帝国も長くは続かなかった。1800年、ロシア帝国との関係を優先させたデンマークは武装中立同盟に加わる。これによりイギリスとの関係が崩壊し、貿易における勢いが一気に衰えるのだ。さらにイギリス艦隊によりデンマーク艦隊が撃破されるに及んで、完全に海上帝国は過去のものとなった。

植民地はイギリスに占領されてデンマークの輝かしい時代は終わったのである。その後、経済的危機の時代を迎えるが、国内の産業振興と王室が積極的にヨーロッパ諸国と婚姻関係を結ぶなどして苦難の時代を乗り越える。

第二次世界大戦ではナチスドイツに占領されるが、戦後は経済的な安定を取り戻している。

ノルウェー王国——Kingdom of Norway

デンマークの支配から独立した北欧の王国

スカンジナビア半島の西岸に南北に長く延びる国がノルウェーである。この国の成立を語るうえで欠かせないのが、バイキングだ。

バイキングとは、スカンジナビア半島およびユトランド半島に住んでいたゲルマン民族であり、優れた海洋術を利用して海を渡り、交易商人や植民者、そして海賊として活動した。9世紀頃にはスカンジナビア半島にはバイキングによる社会統一が進み、新しい国家が生まれている。

そんななかでノルウェーは国家としての基礎が固まるのが最も遅れていた地域だった。国内での勢力争いが激しく、社会が混乱していたために他国のバイキングと異なり、いつまでも海賊活動に終止符が打たれなかったといわれている。

スコットランド北部のシェトランド諸島などを拠点として、イングランド、スコットランド、アイルランド沿岸の修道院などを襲い、ヨーロッパのキリスト教社会にも大きな衝撃を与えている。

統一国家建設が始まったのは9世紀後半だった。ノルウェー南東部にある小国を治めていたハラルド王が、連合国家の形で国内をまとめようとしたのだ。しかし王の死後、再び国内は混乱し、11世紀にはデンマークの北海帝国に併合される。

12世紀になって再び独立すると、世襲王国として国内がまとまり、13世紀後半に国としての繁栄期を迎えた。その時はスカンジナビア半島の3分の2を支配下に治め、さらにアイスランドやグリーンランドも勢力下に入った。

ところがそれも長くは続かない。14世紀末になると、ペストの流行と北ヨーロッパ諸国が結んだ経済同盟であるハンザ同盟の経済的支配の影響で国力が急激に弱まり、ついにデンマークの支配下に入る。さらに19世紀、ナポレオン戦争でデンマークが敗戦国になると今度はスウェーデンに割譲されてしまう。

こうした長年の紆余曲折の末、新しい政府を設立しようとする気運が高まり、1905年にデンマークのカール王子をノルウェー王として迎えることになった。カールはホーコン7世としてノルウェーを統治することになり、ここにようやく立憲君主制によるノルウェー王国の樹立が実現し、独立が果たされるのである。

第一次世界大戦では中立国だったが、第二次世界大戦でドイツからの侵略を受け、戦後になって独立を回復。現在は立憲君主制の国家となっている。

ドイツ連邦共和国——Federal Republic of Germany

東フランク王国から現代まで…時代の影響をどう受けたか

ヨーロッパのほぼ中央に位置するドイツは西欧諸国と東欧諸国との間に位置するために、たびたびその両方の勢力との軋轢を生んだ。

現在のドイツ一帯に最初に住んだのはゲルマン人だった。紀元前後にラインおよびドナウ川付近まで勢力を拡大したゲルマン人はローマ帝国に吸収されていく。

その後、西ローマ帝国が滅亡すると、今度はフランク王国がこの地域を支配する。そのフランク王国が８４３年に分裂した時に東フランク王国とされた地域が、のちのドイツの原型となる。

東フランク王国のオットー１世は皇帝の称号を得て、９６２年に神聖ローマ帝国を築くが、形の上ではまだ統一国家ではなかった。

１７０１年に北部のホーエンツォレルン家が築いたプロイセン王国が、19世紀前半になってオーストリアのハプスブルク家と主導権争いをし、１８７１年にプロイセン国王ヴィルヘルム

◆第2次世界大戦後のヨーロッパと東西ドイツ（連合国による占領地域）

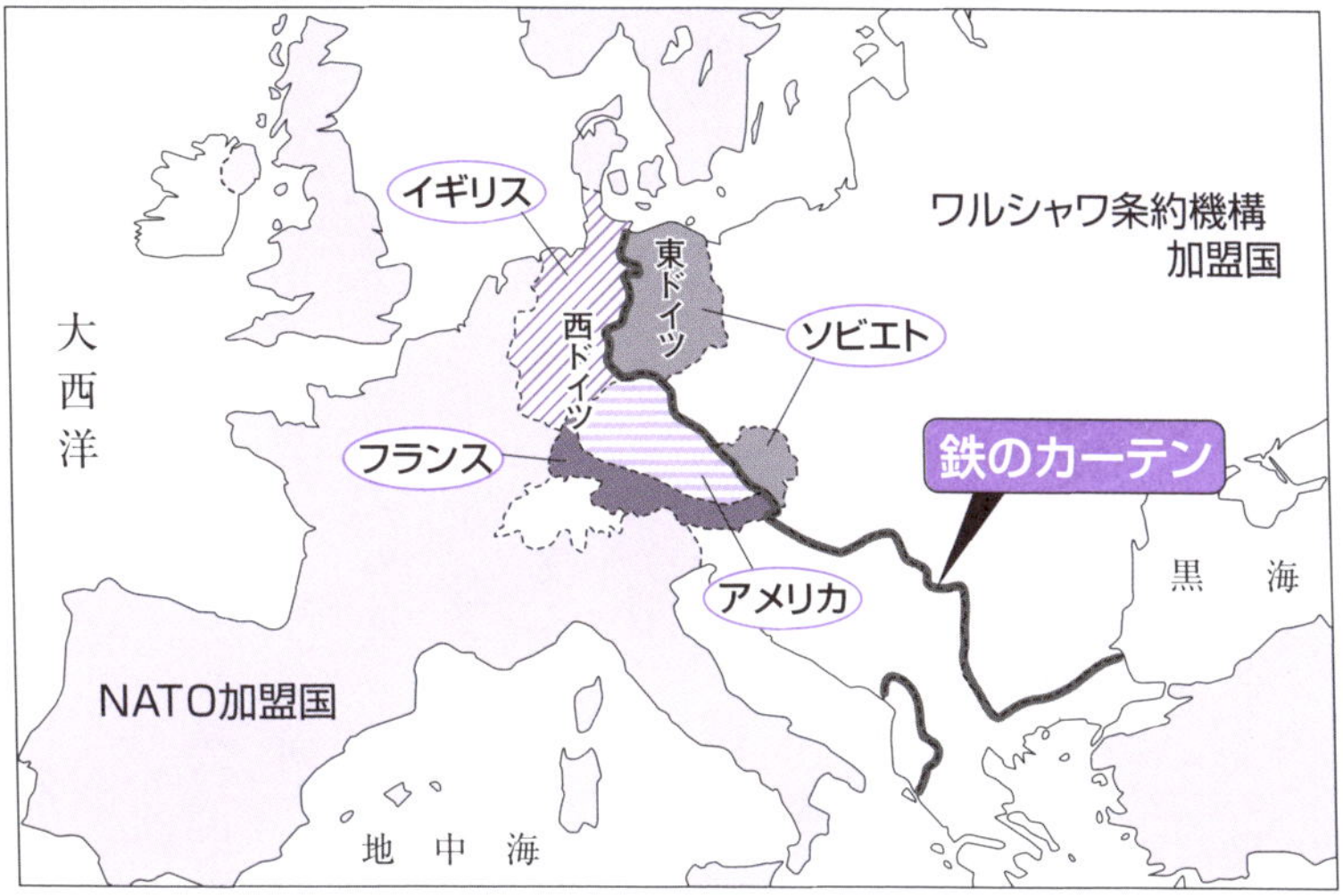

1世のもとで初めてドイツ帝国が樹立され、首都ベルリンが決定されるのだ。

●ナチスが政権を握った暗黒の時代

ドイツ帝国は第一次世界大戦の敗北で共和制となるが、国内には混乱が続いた。そのなかで台頭してきた国家社会主義ドイツ労働者党（ナチス）が政権を握り、やがて第二次世界大戦へと突入していく。

ドイツ連邦共和国（西ドイツ）とドイツ民主共和国（東ドイツ）の分断国家となったのは、第二次世界大戦後のことである。敗戦国となったドイツは、戦後すぐに戦勝国によって開かれたポツダム会談により、連合国である米ソ英仏の4カ国により分割統治されることになった。

ところが、政治的イデオロギーの対立から米英仏とソ連は、いわゆる冷戦の時代に突入することになる。

そのために米英仏の占領地区と、ソ連の占領地区との間には緊張関係が生まれることになる。ドイツの国土の中で世界の二大勢力が向き合うことになったのだ。

その対立が決定的になったのは、1948年の米英仏によるドイツ・マルク発行である。これに対してソ連側も東ドイツ・マルクを発行して対抗した。ソ連は西ベルリンを経済封鎖する一方、米英仏は西ベルリンを支えるためにドイツ・マルクを空輸した。

この歴史的事件となったベルリン封鎖によって東西の対立は決定的なものになり、ついに1949年5月23日、米英仏の西側統治地域に連邦共和国臨時政府が打ち立てられる。

これに対し10月7日、ソ連統治地域ではドイツ民主共和国が樹立する。ここに2つのドイツが誕生したのである。

「東欧革命」の嵐の中で崩壊したベルリンの壁

1949年から1990年までの間、2つに分断されたドイツを象徴していたのは、東ドイツの首都ベルリンに建設されたベルリンの壁である。

旧ドイツの首都だったベルリンは、東西分断後は東ドイツの首都となったが、そのベルリンもまた東西地区に分けられ、西ベルリンは、西ドイツの領土から切り離されていながら西ドイツの一部とされた。その両者を隔てるベルリンの壁は、米ソ勢力の緊張関係を表すものとなった。ドイツは2つの大国の勢力に挟まれ、微妙な立場に置かれることになる。1955年に主権を回復した西ドイツは北大西洋条約機構に加盟したが、いわば、東西対立の最前線になったことを意味した。

西ドイツには米英仏の軍隊が駐留し、目前の東ドイツと一触即発の状態でにらみ合うという状況が生まれた。もちろん、一方の東ドイツにもソ連軍が駐留していたのはいうまでもない。

ヨーロッパの中央で、東欧と西欧とが向き合うその狭間に位置する国家という偶然からか、ドイツは戦後、数々の悲劇を体験することになるのだ。

たとえばそれは、ベルリンの壁を乗り越えようとして射殺された人が約200人もいたことにも現れている。

東西に分裂したドイツが再び統一したのは、1989年のベルリンの壁の崩壊がきっかけだった。東欧革命によって東ドイツの政治体制が変化するなか、1990年に東ドイツの政治体制も崩壊して東ドイツ地域にあった諸州が、ドイツ連邦共和国（西ドイツ）に吸収されるという形でドイツはひとつになった。

現在では、EUの中でも最も大きな影響力を持つ経済大国となっている。

フランス共和国 ―― French Republic

フランク王国、ナポレオンの登場…ヨーロッパの「中心」で何が起きたか

古来より周辺諸国とともに複雑な歴史を刻んできたフランスだが、その母体となったのは、中世に建国されたフランク王国という広大な王国だった。

もともとこの土地に住んでいたのはケルト人で、紀元前1世紀にカエサルに征服されてからは共和政ローマの属州となり、一時的にローマ文化の影響を受ける。

しかし、この地で最初の社会統一を成したのはゲルマン人だった。5世紀、ゲルマン系民族であるフランク人が築いたフランク王国がそれである。

フランク王国は力をつけると、キリスト教世界にとっての守護者としてその名をとどろかせる。

これを利用したのがローマ教会だった。当時、ローマ教会は東ローマ帝国と対立関係にあり、ちょうどその時に台頭してきたフランク王国はローマ教会にとって新しい政治的庇護者として

◆カール大帝時代のフランク王国の勢力圏と現在のフランス

好都合だった。

ローマ教会は、イスラムを破ったフランク王国のカロリング家に近づいた。ピピン3世はローマ教会の支持によってカロリング朝フランク王国を建設したが、それに対してピピン3世は、北イタリアのラヴェンナ地方を教皇に贈っている。これがローマ教皇領の始まりである。

ピピン3世の子カールは各地に遠征し、イギリスとスペインを除く西ヨーロッパのほとんどを制圧した。800年、ローマ法王レオ3世はカールに「ローマ皇帝」の称号を授け、ここに「ローマ帝国」が復興したのである。

現代でも世界情勢に大きな影響を及ぼす

カール大帝は決まった首都を置かず、常に

国内を移動して各地を監督しなければならなかった。そのために各地の実力者の動きを抑えるのがやっとで、国内は不安定だった。

そのカールの死後、3人の息子たちの間に領土争いが起こったが、843年にヴェルダン条約が結ばれて、フランク王国は東フランク、西フランク、そして中フランク王国に分けられてカールの息子たちに継承される。

そのうち東フランク王国は後のドイツにつながり、中フランク王国はイタリアへと統合される。そして西フランク王国が現在のフランスの母体となるのである。

10世紀にはカロリング家が断絶し、カペー家が引き継いだが、カペー朝はローマ教皇と親密な関係を結んで王権を強化し、積極的に勢力を広げた。

しかし2度の十字軍遠征によって大きな財政難を招き、それを解決するために聖職者へ課税しようとしたことをきっかけに教皇との対立を招く。1309年には教皇庁をローマからアヴィニョンに移し、ローマ教会からの独立を示した。

15世紀以降はハプスブルク家と対立関係となり、ヨーロッパの覇権を争って対立するが、17世紀以降はブルボン家による安定した王制時代を迎える。

さらに国力を強めるために植民地政策に力を入れるが、イギリスと衝突して失敗し、新たな財政難を引き起こす。経済が乱れ、貧困が新たな社会問題を生み出すなかで民衆の不満が募っていき、1789年、ついにフランス革命が起こり、王制が倒れるのだ。

しかし新しい政治体制はうまく運ばず、国民の間に失望が広がる。そんななかで登場するのがナポレオンである。新しい帝政が敷かれて、積極的な海外侵略が繰り広げられる。

その後、海外政策の失敗でナポレオンが行き詰まって失脚すると、1815年のウィーン会議で王政復古が決まり、再びブルボン朝の時代となる。これ以降も王制と共和制との間で国家が大きく揺れ動き、一方では積極的な外交政策を繰り広げて国力をつけようとしたが、国家としては安定しなかった。

しかし、第二次世界大戦ではドイツ占領下におかれたものの、戦勝国になってからは、広大な国土を生かした農業を中心に国力をつけ、戦後は世界的な経済大国への道を歩む。

現在は多民族国家となったフランスで2015年に起きた2件のテロ事件は、国民に大きな衝撃を与え、緊急事態が宣言されている。

◆ドイツ占領下のフランス（1940年から4年間）

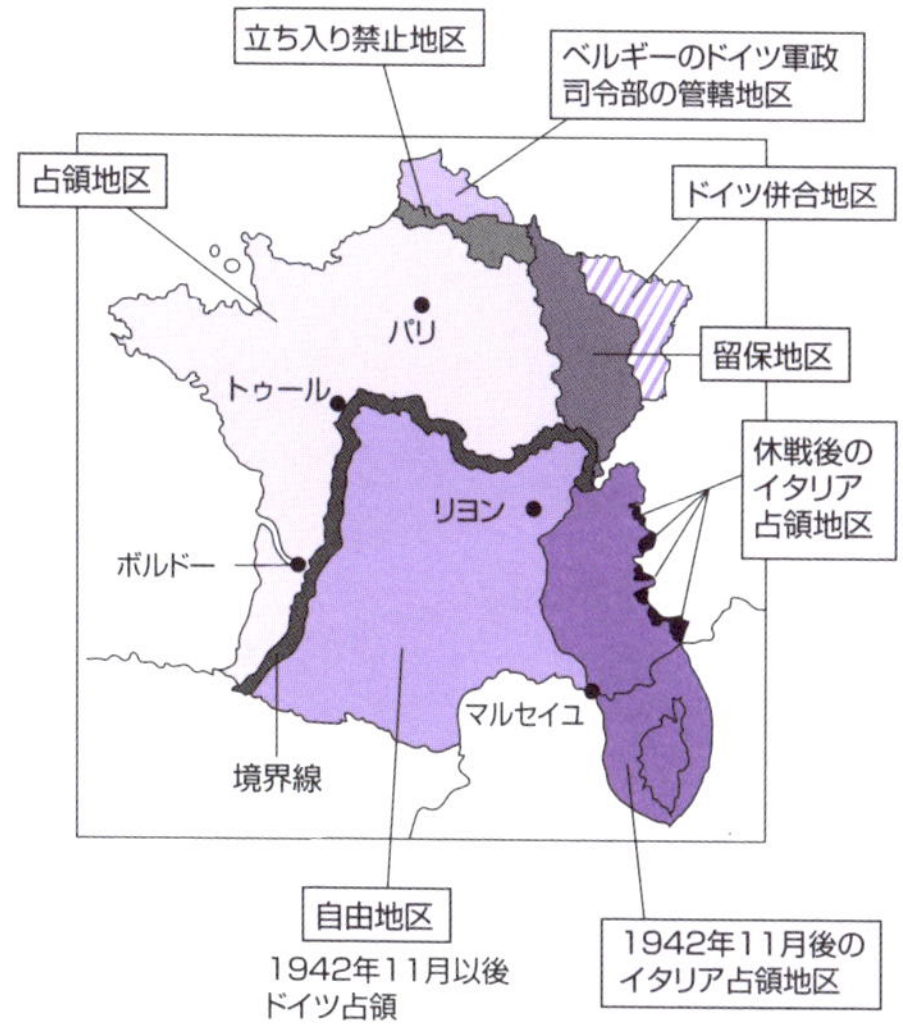

『世界各国史12フランス史』（山川出版社）をもとに作成

ベルギー王国 ―― Kingdom of Belgium

5つの国に囲まれた「ヨーロッパのへそ」が歩んできた道

ベルギーは、ヨーロッパ中央に位置することから「ヨーロッパのへそ」と呼ばれる。そのために周辺からの侵入を受けやすく、侵略の歴史を歩んできた。

この地には旧石器時代から人類が住みつき文化を築いていたが、紀元前57年には早くもカエサル率いるローマ軍によって征服される。これがベルギー侵略の歴史の始まりだった。

ローマ帝国支配のもとで国家として整えられ、経済的にも豊かになっていく。しかしローマ帝国が弱体化すると、5世紀にはゲルマン人であるフランク族が侵入する。

この時、ゲルマン語を話す北部とラテン系言語を話す南部とに二分されてしまうが、現在、国内で使用する言語圏が分かれているのは、ここに発している。

その後はゲルマン人が建てたフランク王国の領土となるが、やがて西ローマ帝国が復活すると、その中心地となって繁栄する。

9世紀に入ってノルマン人が各地を侵略し始めると、自衛のためにフランドル伯領、リエージュ伯領、ルクセンブルグ伯領などが成立、侵略に備えての城塞都市もいくつか築かれた。

10世紀以降は織物業が盛んになり、貿易も発展して繁栄の時期を迎えるが、国情は不安定な状態が続いた。

その後、ベルギーを統一したのはブルゴーニュ公である。さらにブルゴーニュ家の娘がハプスブルク家に嫁いだことで、今度はハプスブルク家の領地としてオーストリア領となるものの、スペイン、フランス、オランダなど支配者が次々と交代する。

1789年にフランス革命が起こると、オーストリアに対抗するためにベルギー合衆国の独立を宣言したが、これはすぐに制圧されて失敗に終わっている。

さらに1815年のウィーン会議で一時はオランダに帰属するが、激しい独立運動が起こり、1831年にオランダの支配下から脱して、ようやく独立国家として認められる。

しかし第一次世界大戦時にドイツに占領され、第二次世界大戦後に連合国軍に解放されるまでドイツの支配下に置かれた。

長年にわたって他国に支配されてきたベルギーだが、戦後はその地理的条件から「ヨーロッパの首都」としてNATO（北大西洋条約機構）本部が置かれるなど、新たな役割を担っている。

ポルトガル共和国

大航海時代にスペインと世界を二分したかつての「大帝国」——Portuguese Republic

イベリア半島の西端に縦に細長い国土を持つポルトガルは、首都リスボンを中心に交易の拠点として栄えてきた。15世紀以降はポルトガル海上帝国と呼ばれる時代を築き、まさに大航海時代の旗手として活躍していたのである。

その発展のきっかけとなったのは、大航海時代の幕を開いたともいわれるエンリケ王子の時代である。航海王子ともいわれるエンリケは航海学校を設立して優れた航海者を育成し、周辺諸島やアフリカ西岸の調査に積極的に乗り出したのだ。

そんななかで１４８８年、ポルトガル人の航海者ディアスがアフリカ最南端の喜望峰に到達し、さらに同じくポルトガルの探検家ヴァスコ・ダ・ガマはインド洋航路を開拓した。これによりポルトガルは本格的に貿易に乗り出すことになる。

特にインド洋周辺では、沿岸のイスラム勢力と戦いながら香辛料貿易の主導権を手に入れ、

◆ポルトガルの海外植民地とトルデシリャス境界線

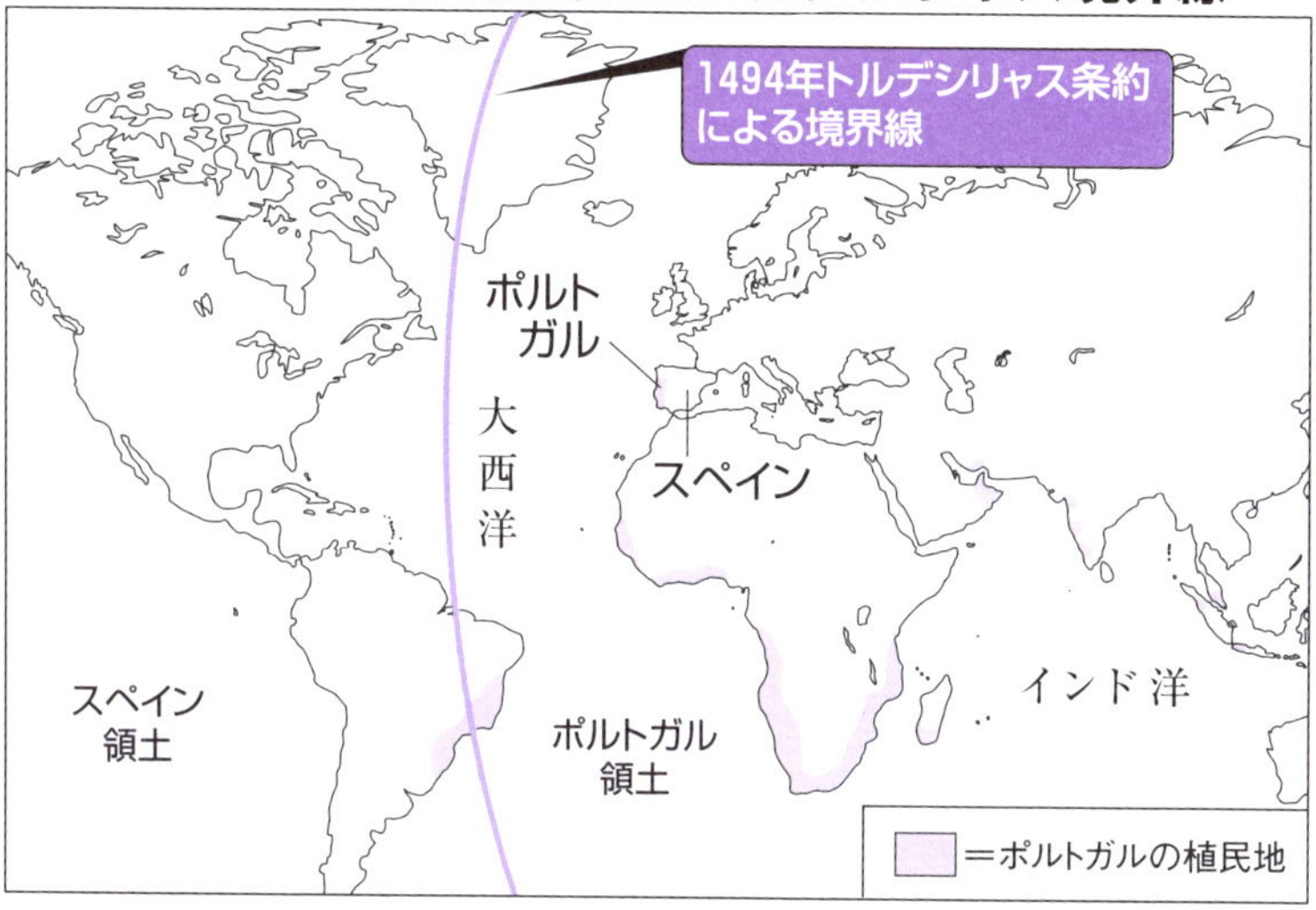

さらにキリスト教の布教活動も盛んに行った。

また、マラッカ海峡を利用した航路が開かれてからは、東南アジアや東アジアまでも交易範囲を広げ、貿易の規模が大幅に拡大した。このポルトガルの躍進により、香辛料貿易の中心だったヴェネツィアなどは大きな打撃を受けることになる。

また、1494年にはスペインとの間にトルデシリャス条約が結ばれている。

すでに触れたように、これは海外でぶつかり合うことの多かった両国が、海外での紛争を避けるために勢力範囲を明確にすることを目的に結ばれたものである。

さらに1529年のサラゴサ条約では、トルデシリャス条約で不確定だった東半球での境界線も明確にされた。大航海時代の主役ともいえる2つの国が世界を二分したことになる。まさに、ポルトガル海上帝国の全盛期だった。

「繁栄の時代」が終わりを告げたきっかけ

スペインが過酷な植民地支配を進めたのとは対照的に、ポルトガルは貿易による利潤のみを追求した。特に香辛料貿易における大きな利益によりリスボンはおおいに繁栄し、ポルトガル・ルネサンスとも呼ばれる豊潤な文化の時代を迎える。

また、イエズス会による大学で優れた宣教師を育て、彼らを世界中に派遣しての布教活動にも力を入れた。それは遠く日本にまで及び、約70万人もの日本人信者を生み出したといわれている。

しかし、その繁栄にも陰りが見え始める。あまりにも短期間に貿易航路が広がったために、もともと小国であるポルトガルの財政では、その大規模な貿易に対応することができなかったのだ。結局は造船や植民地経営のための費用をまかなうことができず、経済的に破綻していく。

それとは逆に、国力のあるイギリスやオランダが世界に進出し、新しい覇権を握る動きを繰り広げていた。経済的に追い詰められたポルトガルは、1580年にスペインに併合されることになり、ポルトガルの貿易の要だったマラッカ海峡はオランダに譲り渡され、ついに海外貿易そのものから脱落していくことになる。

1640年、ジョアン4世の時代には独立を回復し、なんとか盛り返そうとしてイギリスとの間に友好通商条約を結んだ。しかし、それは逆にポルトガル国内にイギリスの商館設置を認めることになり、イギリスの貿易介入を許すことになった。

こうして、ひとつの時代を築いたポルトガル海上帝国は、その繁栄の時代を終えることになったのだ。

その後は、ナポレオン戦争において王制が弱体化し、フランス軍に占領された時期もあった。自由主義・民主主義思想が広まると、1832年に内戦が起こり、1910年の革命で王制が倒されて共和国となる。

第一次世界大戦後は、大恐慌の影響や労働運動の激化によって国内は混乱する。1932年に首相に就任したサラザールは、第二次世界大戦が終結すると権威主義的な独裁政治を展開して国民を弾圧した。

1974年にクーデターが起こり、スピノラ将軍による民主化政策が始まって、ヨーロッパの一員としての国家づくりが始まる。

そして、1975年以降は、アフリカの植民地が次々と独立していく。それはまさに植民地政策を基盤としていた「海上帝国」が完全に終焉したことを意味していたのだ。

チェコ共和国 ―― Czech Republic

東欧と西欧の「境界線」でいったい何が起きたのか

チェコは西欧と東欧とのちょうど中間にあり、ソ連との関係を抜きにしてはその歴史を語ることはできない。

この地域に6世紀までに定住したスラブ人が現在のチェコ人の祖先である。スラブ人が最初に建国したのは9世紀の大モラヴィア王国だが、その後は異民族の侵入やハンガリー、ドイツ、ポーランドなどの勢力下に置かれ、国家として不安定な時代が長く続いた。

15世紀以降はハプスブルク家の統治下にあったが、第一次世界大戦でオーストリア＝ハンガリー帝国が消滅すると、ついにチェコスロバキア共和国の独立が実現する。だが、わずか20年後にはナチスによって解体され、第二次世界大戦終結までドイツに占領された。

ドイツが敗戦国となると、チェコスロバキアを解放したのはソ連だった。ロンドン亡命政府と共産党による連立政権が樹立されたのだ。

ところがしだいにソ連による政治干渉が進み、1948年に共産党政権が樹立する。それ以降は、ソ連型社会主義国家として厳しい粛清や弾圧も行われた。

これに対し、1968年に就任したドゥプチェク党第一書記は「人間の顔をした社会主義」をめざし、ソ連とは異なる独自の共産党体制をつくるための改革を進めた。これが「プラハの春」である。しかし、ソ連によるワルシャワ条約機構軍の介入により頓挫する。

ドゥプチェク解任後もソ連の干渉と人権弾圧に対抗しながら、政治の「正常化」をめざして独自の政治体制建設が進められた。1986年、ソビエトでゴルバチョフが共産党書記長に就任すると、東欧社会では民主化の波が高まっていく。

その流れのなか、チェコスロバキアにも西ドイツへ越境しようとする東ドイツ人が大量に流入するようになる。

やがて1989年にベルリンの壁が崩壊すると、チェコスロバキア内での民主化デモも激化した。その結果、ついに共産党による一党独裁の時代が終わり、ドゥプチェクを連邦会議議長とする新体制が始まる。

チェコスロバキアがソ連からの干渉から抜け出し、新たな政治体制をつくったこの大変革は、流血の事態とはまったく無縁だったことから「ビロード革命」と呼ばれる。1993年、スロバキアがチェコからの分離独立に動き、それぞれに政治体制を確立する。

旧ユーゴ —— The Former Yugoslavia

7つの国境、6つの共和国、5つの民族…複雑な国内事情の結末

バルカン半島は、地理的に多くの民族が移動する経路にある。そのために、ここには複数の民族が根づいた。

その複数の民族がそれぞれに独立して共和国となり、それらが集まってつくられたのがユーゴスラビア連邦である。

ユーゴスラビアはオーストリア、ハンガリー、ルーマニア、ブルガリア、ギリシャ、アルバニア、そしてイタリアなど多くの国と国境を接していたために常に諸外国の影響を受け、複雑な歴史を歩んできた。最初にユーゴスラビアができたのは１９２９年である。

汎スラブ主義を掲げるセルビアが、モンテネグロ、クロアチア、スロベニアに南スラブ人の国家建設を働きかけ、ユーゴスラビア王国が成立したのだ。

しかしこの王国はセルビア中心であり、クロアチアが大きく反発するなど、国内は大きな矛

盾を孕《はら》んでいた。

そして、新たな動きは第二次世界大戦後に起こる。大戦においてナチスドイツの侵略に対して抵抗した諸民族がパルチザン勢力の指導者だったチトーのもとに一致団結し、1945年に新しく連邦制国家を建設したのだ。

構成していたのはスロベニア、クロアチア、ボスニア・ヘルツェゴビナ、セルビア、モンテネグロ、マケドニアである。ユーゴスラビアというひとつの国名を持ちながらも、「7つの国境、6つの共和国、5つの民族、4つの言語、3つの宗教、2つの文字、1つの国家」といわれるほど複雑だったが、しかしチトーのもとで国家としてまとまっていた。

ところが1980年にチトーが死去すると、複雑化していた民族問題が表面化することで大きく揺れ始める。1991年、人口の9割以上が同じスロベニア人だったスロベニアが最初に独立を宣言した。ユーロ連邦軍との戦いに勝利し、92年に正式に独立した。

クロアチアも独立を宣言したが、人口の1割以上を占めるセルビア人がこれに反発し、武装して自治区を設定、クロアチアからの分離とセルビア本国との併合を求めた。

これが紛争に発展し、さらにユーゴ連邦軍が介入したために戦争が激化して、クロアチアはついにセルビア人自治区を支配下に治めた。これによりセルビア人の多くが難民となり、後々まで国際的な問題を残すことになる。

もともと複数の民族が住んでいたボスニア・ヘルツェゴビナは、さらに深刻だった。1992年に独立を宣言したものの、セルビア人、ムスリム人、クロアチア人が対立していたこの地域では、セルビア人が分離・独立を求めて武力行使に出た。

それぞれ「民族浄化」、つまり支配地域から他民族を完全に消滅させることを目標に戦争状態になったが、異民族間の結婚などは当たり前だったために同じ親族同士が血で血を洗う悲惨な戦いとなり、多くの犠牲者や難民を出すことになった。

国連などの仲介も実らず、結局は1994年のNATO空爆により和平協定が結ばれ、形の上ではとりあえず終息する。

その結果ボスニア・ヘルツェゴビナは、国土の49パーセントを占めるスルプスカ共和国（セルビア勢力）とボスニア連邦（クロアチア人とムスリム人勢力）とに分けられることになる。しかし、いまだに民族対立は完全には解決していない。

旧ユーゴの中で唯一、マケドニアだけは1991年に無血独立を成功させたが、しかし問題もある。マケドニアという国名はアレキサンダー大王にゆかりのある古代の国名に由来するものだが、同じ名前の州名を持つギリシャがこの国名にマケドニアからの国土侵略の意思を指摘し、両者の間で国名をめぐる緊張関係が生まれているのだ。

また、セルビアにあるコソボ地区では、旧ユーゴ解体が始まる1990年にアルバニア系住

◆旧ユーゴスラビア連邦と独立後の国家

民が共和国としての独立を宣言したが、セルビアはこれを認めなかった。すると、武装勢力のコソボ解放軍が組織され、1996年頃から軍事行動が盛んになり、セルビアやユーゴ連邦軍との衝突を繰り返すようになる。

ヨーロッパ諸国の仲介で1999年に行われた和平交渉もミロシェビッチ大統領の拒否にあって戦闘状態が悪化した。その結果、NATOによる空爆の事態を招き、コソボからは大量のアルバニア系住民が難民として国外に流出した。

2008年にはコソボ議会がセルビアからの独立を宣言し、「コソボ共和国」を名乗った。だがその独立を承認している国は、国連に加盟している193カ国のうち、112カ国にとどまっている。

ロシア連邦
——Russian Federation (Russia)
世界一の領土を持つ国が体験した「ロシア革命」の衝撃とは？

現在、ロシア連邦が有する１７０８万平方キロメートルという国土の広さは世界一である。この広大な地に最初の国家であるノブゴロド公国をつくったのは東スラブ族のルーシ族で、９世紀のことだ。

ルーシという言葉は地域をも指すようになり、のちに「ロシア」の国名の元になる。ノブゴロド公国はウラジミル１世の治世にギリシャ正教と専制君主制に基づく政治を行い、さらに農奴制を推し進めて、その後のロシアの基盤をつくった。

13世紀にはモンゴルに支配されたが、15世紀には再び独立、16世紀にはイワン雷帝が権力を強めて国土を広げる。

そしてロマノフ王朝が成立すると、圧倒的な権力で人民を支配した。

しかし、圧政に苦しむ農民を中心に社会的な不安が蓄積され、19世紀にマルクス主義運動が起こり、のちのロシア社会民主労働党結成へとつながっていく。

そして1917年、ロシアの歴史を大きく変えるロシア革命が起こる。これによってロマノフ王朝が倒され、農奴制に支えられた貴族社会として繁栄していた帝政ロシアが終焉したのである。その後、共産党を率いて内戦に勝利したレーニンによって建国されたソビエト連邦は、世界初の社会主義国家となった。

第二次世界大戦後は、その強大な軍事力を生かして東欧諸国を勢力範囲に収め、アメリカ合衆国と相対する社会主義体制の中心となって冷戦構造を形成してきた。

しかし、アメリカなどNATO諸国との対立関係は、ソ連をしだいに弱体化させていた。さらに計画経済が行き詰まり、ソ連国内に大きな不満を生み出していく。

やがてソ連の求心力が失われ、ソ連の衛星国だった東欧諸国に民主化の波が広がりはじめる。共産党国家が短期間のうちに倒され、バルト3国（エストニア、ラトビア、リトアニア）がソ連から分離独立を果たした。これがソビエト連邦崩壊にもつながっていくのである。

1985年に書記長に就任したゴルバチョフはペレストロイカ政策を実行し、東西の冷戦の構図に終止符を打った。

しかし、それはあくまでもソビエト連邦国内の改革をめざしたものであったが、国内にはもはやソ連という体制そのものへの反発が抑え切れないほど高まっていた。

各地で民族主義が叫ばれ、中央では共産党が揺れ、ゴルバチョフの目論見は外れることになる。

そして1991年12月、ついにゴルバチョフが辞任し、各連邦構成共和国がそれぞれ主権国家として独立した。それはソ連共産党による社会主義体制の崩壊だった。

これによりソビエト連邦が解体して、旧ソ連を構成していた15の共和国のうち、バルト3国を除く12の共和国から成る独立国家共同体（CIS）が誕生した。ソ連崩壊後もその広大な国土は新しい共同体の舞台となったわけである。

その後、国連の常任理事国など旧ソ連が持っていた国際的権利を継承し、主導的な立場をとったのはロシア共和国だった。

ロシア共和国はロシア・ソビエト連邦社会主義共和国が改称されたもので、エリツィン大統領が率いた。共和国のひとつでありながら、ソ連全体の面積の76パーセントもの領土を持ち、人口も5割、国民所得も6割を占めていた。

その首都モスクワがソ連時代の政治的機能の中枢であることも、ロシア共和国の国際的な影響力の大きさを裏づけた。

そして1992年5月、ロシア連邦条約により、ロシア連邦という国名が正式に決定された。

エリツィンに続きロシア共和国を率いていたプーチンが新しいロシア連邦の大統領となり、市場経済化をめざし、広大な領土を生かした国力をつけるべく数々の改革を進めている。

◆ソビエト連邦解体後の独立国家共同体

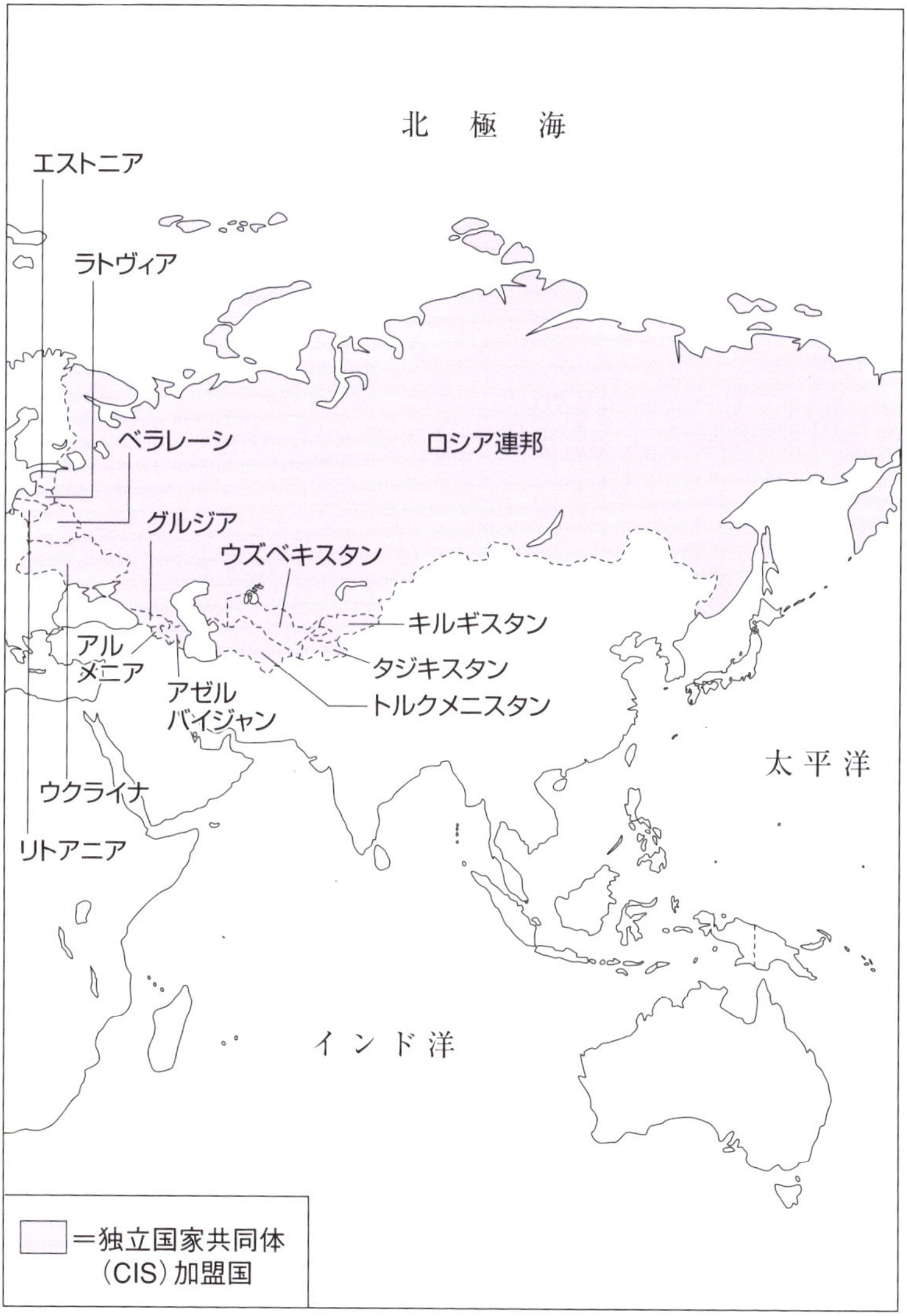

◆ヨーロッパ

ポルトガル
大西洋
スペイン
ピレネー山脈
アイルランド
イギリス
フランス
地中海
ノルウェー海
デンマーク
北海
ベルギー
オランダ
スイス
アルプス山脈
ドイツ
ノルウェー
スウェーデン
オーストリア
スロベニア
イタリア
アドリア海
クロアチア
チェコ
ポーランド
バルト海
フィンランド
ハンガリー
スロバキア
ボスニア・ヘルツェゴビナ
モンテネグロ
アルバニア
セルビア
リトアニア
ラトビア
エストニア
ルーマニア
コソボ
ギリシャ
エーゲ海
ブルガリア
ベラルーシ
ウクライナ
モルドバ
マケドニア
黒海
トルコ
ロシア連邦
シリア
アルメニア
グルジア
イラク
アゼルバイジャン
カザフスタン
カスピ海
イラン

4章

中東・アフリカ

アラブ首長国連邦——United Arab Emirates

7つの首長国から成る連邦国家誕生の経緯

「連邦」とは地方政府がひとつにまとまった単一の国家のことをいう。ペルシャ湾に面するアラビア半島にあるアラブ首長国連邦（ＵＡＥ）は、最初は６つの地方政府（首長国）が集まって成立し、翌年７つに増えて連邦の体制を確立した国である。

この国は１９７１年に成立したが、そこには第二次世界大戦後のヨーロッパ列強の動きが深く関係している。

ペルシャ湾は7世紀にイスラム帝国がその制海権を握ったのを皮切りに、その後オスマン・トルコ帝国を経て16世紀にはポルトガル、さらに17世紀にはオランダがそれぞれ握っていた。18世紀後半になると今度はそこにイギリスが進出を始める。植民地のインドと貿易を開始する時に、船舶にとって極めて重要な中継拠点と考えたのだ。

ところが、イギリスが制海権を持つと海上交通が制限されるようになり、アラブの人々はこれまでのように自由な航行ができなくなってしまった。そこで生業が成り立たなくなった彼らの一部は、海賊へと転身したのである。

ペルシャ湾を航行する貿易船が海賊によって次々と襲われるようになると、これに危機感を抱いたイギリス軍は海賊の本拠地であるラス・アル・ハイマ港などを占領し、力ずくで首長たちと恒久的な休戦協定を結ぶ。

第一次世界大戦の始まる19世紀末になると、ペルシャ湾にはヨーロッパの列強が軍事的な要衝の地としてこぞって進出してくる。これにより既得権が奪われることを恐れたイギリスはさらに首長との結びつきを強め、首長国と他国とが交渉することを禁じてしまうのである。

次に、イギリスは首長国をまとめて連邦国家にすることを目論んだ。それを決定づける出来事となったのが、１９５９年の石油の発見だ。イギリスはその採掘権を手に入れるために連邦国家を成立させ、自国に有利な条件を整える必要に迫られたのである。

だが、首長国のひとつであるドバイで石油の採掘が軌道に乗り始めると、これをめぐり首長国間の関係が悪化し、その調整は困難なものとなっていく。さらにアラブ人の民族意識が高まるにつれ反英意識も生まれ、結局イギリスはペルシャ湾岸地域からの撤退に追い込まれる。

首長国間の話し合いはその後も続けられ、そしてそれはアラビア半島の東にアラブ首長国連邦の成立となってつながったのである。

イスラエル国——State of Israel

「聖地」をめぐる根深い対立の原点

イスラエルは周囲をアラブ人国家のエジプト・アラブ共和国、ヨルダン・ハシェミット王国、シリア・アラブ共和国、レバノン共和国に囲まれている。

つまり、アラブ諸国の中に人種も宗教も文化も違うユダヤ人国家であるイスラエルがひとつだけぽつんとあるのである。

たびたびニュースに取り上げられるようにアラブ諸国と紛争の多い国で、現在でもテロをはじめとした血なまぐさい事件が後を絶たないが、なぜ、このようなことになったのだろうか。

イスラエルの歴史は古代にまでさかのぼる。

ユダヤ人の祖先とされるヘブライ人が唯一神ヤハウェを信仰し、旧約聖書でカナンと呼ばれる地に移住したのは紀元前1900年頃のことだ。その後、カナンにイスラエル王国が建国され、華麗な宮殿や神殿が築かれるのである。

しかし、この王国はほぼ1世紀にわたって繁栄を極めるものの、ソロモン王が死ぬと内紛が起きてイスラエル王国とユダ王国の2つに分裂してしまう。

そして、互いに戦争を繰り返した末に両国は前6世紀にバビロニアに滅ぼされ、その支配下に置かれるのである。

だが、ユダヤ人にとって本当の苦難はそのあとに待ち構えていた。70年、ローマ軍はイェルサレムを占領すると神殿を破壊し尽くし、さらに人々を国外に追放するのだ。

こうしてユダヤ人は国を失い、世界中に移住していったのである。

それでも、何世代にもわたってユダヤ人はイスラエル再建の夢をけっして諦めることはなかった。やがてそれは建国運動に発展し、19世紀後半からしだいに活発な動きとなっていくのである。

この運動は聖地イェルサレムにあるシオン山（丘）をシンボルとしたため、シオニズムと呼ばれて世界中のユダヤ人に広がった。

とはいえ、当時のイェルサレムはオスマン・トルコ帝国の領土であり、しかも古くからアラブ人たちもそこには住んでいたのである。

ところが、ここで思わぬことが起きる。第一次世界大戦が始まるとイギリスはアラブ人を味方につけるため、ユダヤ人の移住地にアラブ人国家を建国することを認め、しかもその一方でシオニストたちにはユダヤ人国家の成立を承認してしまうのである。

こうしてアラブ人とユダヤ人は同じ土地をめぐり、互いにその正当性を主張し合い、それが紛争へと発展するのだ。

そして、ついにこの事態を収拾しきれなくなったイギリスは第二次世界大戦後にこの問題を国連に預け、その国連も十分に審議することなくイスラエル側に建国を認めてしまうのである。

これによりイスラエルとアラブ諸国の関係は決定的に悪化し、中東戦争へとつながっていく。この戦争は東西の冷戦下で4回にわたって繰り広げられ、その火種はいまだに燻り続けている。

第一次中東戦争は建国に伴うもので、イスラエルはこの戦争で国連決議以上の領土を占領した。次いで起きた第二次中東戦争は、1956年にエジプトがスエズ運河を国有化した時に起きた。イギリスとフランスを後ろ盾にエジプトを攻撃したのである。

その11年後、今度は第三次中東戦争が勃発する。これはエジプトとシリアがイスラエルへの軍事的圧力を強めたことに反発したためで、その後、1973年になると第四次中東戦争が再び勃発する。

この戦争では産油国がイスラエル支援国に対して圧力をかけたことから、世界中が石油ショックに陥った。

その後、1977年にいったん休戦となるが、イスラエルとアラブ諸国の軋轢は現在に至るまで何ら改善される兆しが見られない。

◆国連のパレスチナ分割決議案と現代のイスラエル

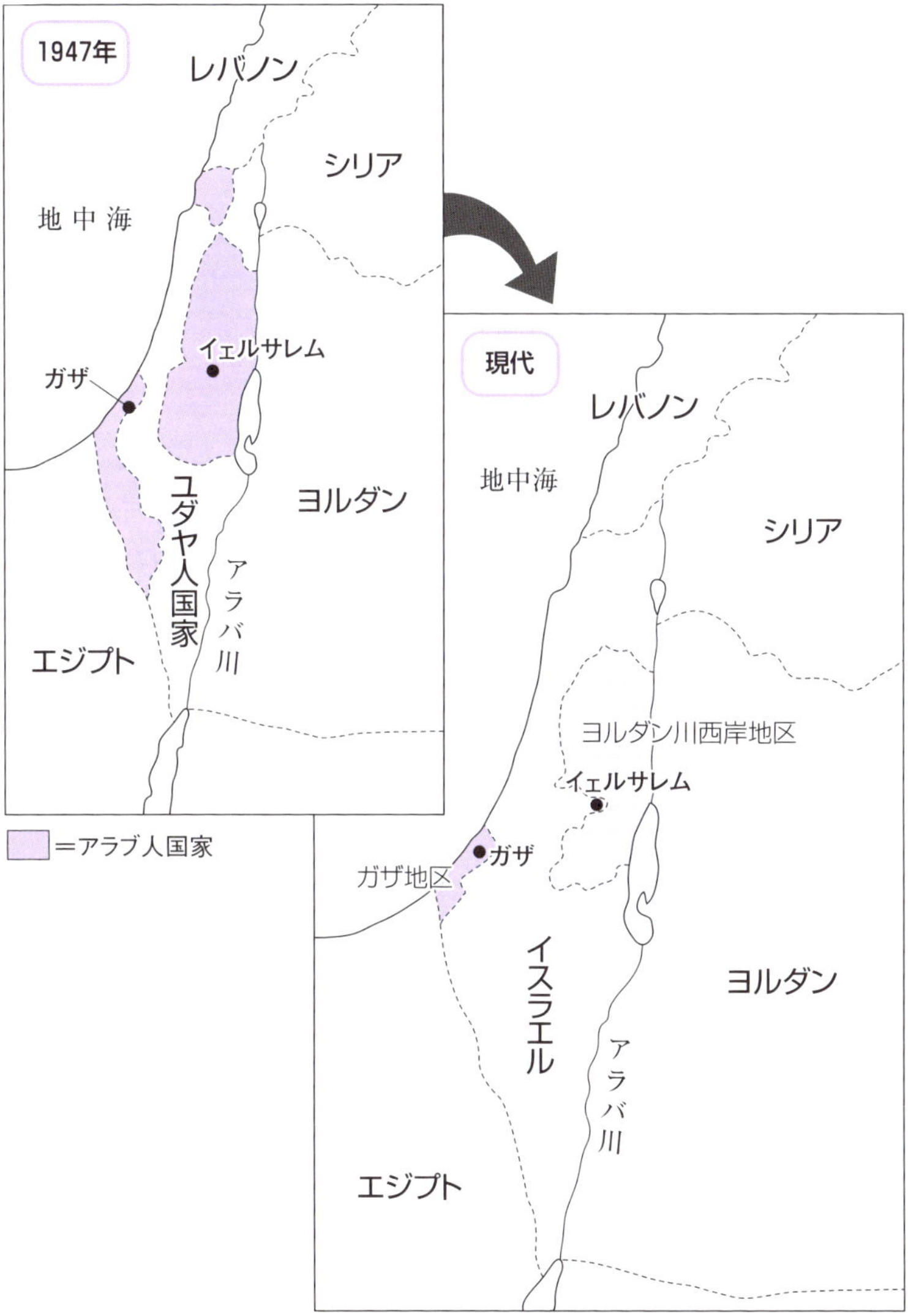

▭＝アラブ人国家

イラク共和国 ——Republic of Iraq

古代文明発祥の地が「イラク戦争」の舞台になるまで

国土が日本の1・2倍ながら、その8割以上が肥沃なメソポタミア平原で占められているのがイラク共和国である。2003年のイラク戦争で敗れて以来、いまだに混迷を続けているが、その歴史はいうまでもなく人類最古の文明であるメソポタミア文明から始まる。

くさび型文字を発明したシュメール人は紀元前3000年の民族で、その10世紀後にはユーフラテス川の流域にバビロニア王国が成立している。

しかし、これ以降のイラクは周辺諸国からの侵入を受け、次々とその支配者を変えるのだ。

前539年にはアケメネス朝ペルシャにより征服され、前334年にはアレクサンドロス王に、また紀元後の226年にはササン朝ペルシャが統治者となる。

さらに、7世紀にイスラム教がアラビア半島を中心に広まるとイラクもイスラム化され、749年にはイラクのバグダードに首都を置いたアッバース朝がその権勢を振るうようになるのだ。

その後もモンゴル帝国などの侵略を受けるが、それも1534年にオスマン・トルコ帝国に占領されて終止符が打たれる。

そして第一次世界大戦後、オスマン・トルコに勝利したイギリスがアラビア半島メッカのファイサル国王にこの国の統治を委任し、ようやく独立国家の道を歩むようになるのである。

第二次世界大戦後は石油により国家財政が潤うようになるが、近代化に向けた取り組みを始めた王政に不満を持つ軍部は、1958年に軍事クーデターを起こしてイラクを共和国とする。

しかし、軍部が政権を握ったことでその後、権力闘争が起きるようになり、政情は不安定となった。やがてアラブの統一をめざすバアス党がイラクを支配するようになり、サダム・フセインが登場する。

フセイン元大統領はアラブの統一よりもイラクの領土の拡大を第一と考え、1980年にイラン・イラク戦争、1990年にクウェートへと侵攻する。イラクが欲しかったのはペルシャ湾に接する港だったが、しかしこの野望は果たされることなく、アメリカを主体とする有志連合軍に攻め込められてフセイン大統領は破局の道を突き進んでいくのである。

さらに、2003年に始まったイラク戦争でフセイン政権は崩壊し新政府が樹立されるが、その混乱に乗じてテロ組織「IS」が台頭、イラク軍との攻防が続いている。

イラン・イスラム共和国

――Islamic Republic of Iran 数々の王朝を生んだペルシャ人の国家

　イランが歴史にその名を登場させるのは紀元前550年、ファルース地方にアケメネス朝ペルシャが成立してからだ。

　このアケメネス朝はダレイオス1世のもとで拡大を続け、リディア王国や新バビロニア王国を滅ぼしてエジプトを征服すると、前525年にはインダス川のほぼ西岸から現在のトルコ、地中海の西岸に至るまでをその手中に収めた。

　しかし、前330年にマケドニアのアレクサンドロス大王による東方遠征が始まると、2世紀にわたるその繁栄も終わりを告げる。そして、大王の死後は再びイラン人によるパルティア王国がカスピ海の南岸に栄え、さらに226年にはイラン高原南部のペルシスにササン朝ペルシャが成立するのである。

　このように数々の王朝に彩られてきたイランの歴史も7世紀を過ぎるとその流れが大きく変わ

る。それは東ローマ帝国との戦いで衰退したこの国に、西からアラブ人が進出を始めたからだ。

やがて異民族の王朝であるウマイヤ朝やサーマン朝などのイスラム勢力に支配されるようになると、18世紀末には、今度はトルコ系民族であるカジャール朝の勢力下に置かれるのである。

さらに、19世紀に入ると新たな敵が現れる。それはアジアに進出しようとするヨーロッパの列強だった。なかでもイギリス、ロシアはカジャール朝に圧力をかけて国力を弱体化させ、その影響下にあるイランも植民地化しようと企み、隙を見つけて内政に干渉しようとした。

これに危機感を抱いたイランの軍人のレザー・ハンは、１９２５年に無血クーデターを起してパフラヴィ（パーレビ）朝を興す。そして、新王朝は列強に対抗するため中央集権国家を築くと、その近代化に着手するのだ。

しかし、パフラヴィ朝はあまりにもその改革を急ぎすぎてしまった。このためハーンの死後継承者となったパーレビ国王の政治は、国内に貧富の差を拡大させて社会的な不満を招くなど、その政策は失政となって現れ、しだいに国民の不信を買うようになったのである。

そして、イスラム教の宗教指導者ホメイニ師が起こした無血クーデターにより国王は国外に追放され、イランは１９７９年にイスラム教国家となり、中東地域に大きな力を持つようになる。

だが、その政治体制の違いは欧米諸国との軋轢《あつれき》を生み、アメリカからは２０１６年まで経済制裁されることとなった。

サウジアラビア王国

アラビア半島の砂漠の国が1世紀で変貌を遂げた理由

――Kingdom of Saudi Arabia

サウジアラビアにはビザンティン帝国をはじめとして、ウマイヤ朝、アッバース朝などの数々の古代遺跡が残されており、さらに紅海に面するメッカにはイスラム教の聖地とされるカーバ神殿がある。この国の遺跡はさながら古代の歴史絵巻を見るようであり、それゆえ建国の歴史はさぞや古いのではないかと思うが、実は意外なことにサウジアラビアの建国は20世紀に入ってからである。

それまでのアラビア半島は、エジプトやオスマン・トルコ帝国の支配下にあり、先住民のアラブ人たちは各地に有力な部族が勢力を誇ってはいたものの、ひとつの国としてまとまることはなかったのである。

建国に向けて動き出すのは１９０２年からだ。それは古くから半島全体に影響力を持ち、リヤドを中心に力を持っていたサウド家のアブドゥル・アジズ王が近隣の部族を平定したことに始まる。

アラビア半島の統一を考えたアジズ王は「ヒジャーズおよびネジドの王」を名乗ると、ペルシャ湾岸で力を持っていたイギリスと協定を結び、現在の領域を国家として認めさせ、1932年に国名をサウジアラビア王国とした。

ちなみに、サウジアラビアとは「サウド家のアラビア」という意味だ。

また、国旗は国教ともなっているイスラム教に基づいている。そのデザインは繁栄を表すとされる緑色をベースに、白字で中央にアラビア語が書かれている。その意味はイスラム教の信仰告白の言葉である「アッラーの他に神はなく、ムハンマドはアッラーの使徒なり」だ。

そして建国の6年後、この国に劇的な変化が訪れる。それは石油の発見である。それまでの国家収入といえばナツメヤシの輸出や、メッカを訪れる人たちが使う巡礼費が主なものだった。そこに石油という莫大な利益が生まれたのである。

アジズ王の死後はサウド王が後を継ぐが、石油収入に頼った放漫な財政支出が問われて失脚すると、1964年に弟のファイサルが王位に就く。そして、新国王は国家基本法の制定などにより近代国家としての基礎を固め、今日のサウジアラビアの繁栄をもたらすのである。

紅海とペルシャ湾に東西を挟まれたこの国が、わずか1世紀を待たずして大きな変貌を遂げることができたのは、そこに石油があったからなのである。

シリア・アラブ共和国――Syrian Arab Republic

アラブ統一をめざした地中海東岸の国

シリアとは「東部地中海沿岸の北部」という意味で、かつては近隣のレバノン共和国、ヨルダン・ハシェミット王国（ヨルダン）、イスラエル国、それにトルコ共和国の一部までを含めた広大な地域の総称として使われていた。

シリアは古代から東西文化の合流点だったことから、これまで多くの民族による王国の興亡が繰り返されてきた。

古くはアルファベット文字を発明したフェニキア人が都市を築き、さらに古代エジプト、ヒッタイト、アッシリア、新バビロニアなどの王国が次々と隆盛を極めていった。紀元後も、ビザンティン帝国の属領からウマイヤ朝を経てオスマン・トルコの勢力下に入るのである。

その後、１９２０年にフランスの嘱託統治領となるが、１９４６年に独立する。

このように多くの異民族から支配されてきたシリア人が願ったのは、中東にアラブ人の統一国家を樹立することだった。この背景のひとつには第二次世界大戦後も中東に影響力を残そうとするアメリカやイギリス、フランスなどへの反発もあった。

そこで1948年、シリア人はアラブの統一国家の成立をめざしてバアス党を結成する。

この党はアラブ社会の統一と自由、それに社会主義を掲げた。そして、政権を手にすると1958年にエジプト・アラブ共和国(エジプト)に働きかけ、アラブ連合共和国(アラブ連合)というひとつの国になるのだ。

だが、アラブ連合の政治はうまく運ばず、わずか3年間で事実上の解散となってしまうのである。

その後もシリアはアラブ統一をめざした活動を行うものの、バアス党内では激しい権力闘争が続くようになり、また第三次中東戦争で南部ゴラン高原をイスラエルに奪われたことなどで、ついに1970年にクーデターが起きるのだ。

これにより、現アサド大統領の父が政権の座に就くが、しかしアラブの統一国家を成し遂げることなく、志半ばで死去してしまうのである。

その後、政権は二男のバッサール・アル＝アサドが引き継いだが、2010年に起きたアラブの民主化運動〝アラブの春〟が、シリアにも騒乱とそれに続く内戦を巻き起こした。

アサド政権は反政府デモを軍事力で抑え込んだが、テロ組織「IS」の台頭、そして国際社会の介入によって泥沼化している。

トルコ共和国

Republic of Turkey

アジアとヨーロッパの繋ぎ目で繰り広げられた「文明」の興亡

ヨーロッパとアジアの間に位置し、まさに東西文化の架け橋とも呼べるこの国には、古代より多くの王国が誕生した。

トルコに登場する最も古い王国といえば、叙事詩『イリアス』を史料として発掘された紀元前3000年頃の交易都市のトロイであろう。

その後もこの国には鉄器の文明で知られるヒッタイト王国やリディア王国などが成立し、そののちはペルシャ人によるアケメネス朝がこの国を支配した。前334年になるとアレクサンドロス大王による侵略を受け、その死後はペルガモン、カッパドキア、セレウコスなどの王国に分裂した。

こうして華やかに古代史に登場したトルコも、前1世紀頃からローマ帝国に支配されるようになり、諸王国はそのほとんどが攻め滅ぼされてしまうのだ。

そして、ローマ帝国が395年東西に分裂すると東ローマ帝国の領土となる。この時首都となったのが、ボスポラス海峡に面するコンスタンティノープル（イスタンブール）である。

ここに、8世紀になると西から新たな民族が進出してくる。それが建国の祖ともされるオスマン・トルコだ。

この民族はユーラシア大陸の中央で生活していたとされ、トルコに定住するとしだいに帝国としての勢力を広げるようになっていた。

1444年にオスマン軍はバルカン半島での戦いに勝利すると、半島にあるブルガリア、ギリシャ、アルバニア、セルビアの各国を併合してその領土を拡大、さらに1453年には東ローマ帝国を滅亡させた。

15世紀にアナトリアとバルカン半島の全域を平定、最盛期には中東諸国のみならずアフリカにも侵攻して、エジプトからチュニジアに至るまでをその支配下に置くのである。その版図は、かつてのローマ帝国さながらの広大さだった。

しかし、これほど繁栄したオスマン帝国も16世紀を境に衰亡を始める。そして、19世紀になるとそれまで領土としていたギリシャやエジプトが次々と独立していくのだ。

さらに、第一次世界大戦では連合国に大敗して領土の大半を失ってしまい、1923年に結ばれたローザンヌ条約でトルコはついに共和国として独立するのである。

独立により初代の大統領となったケマル・アタテュルクは大改革を行っている。それは、これまでの政教一体となった政治制度と決別して近代国家を建国することだった。

つまり、トルコを西欧化することでヨーロッパ諸国と肩を並べられる国に発展させようとしたのである。

そこでケマル大統領は新憲法を発布すると、それまでのスルタン（政教一体となった支配者）制度を廃止してイスラム教を非国教化し、太陽暦の採用や女性の参政権なども実施した。

また、第二次世界大戦後は旧ソ連の南下を防ぐという戦略的位置づけからＮＡＴＯへの加盟を認められ、ここでようやく名実ともにヨーロッパ諸国の仲間入りを果たすことができたのである。

ただ、イスラム主義の復興を願う勢力も根強く活動を続けており、それが時として過激な行動に出ることで政情が不安定になることもしばしばあった。

それでもヨーロッパ寄りの政策だけは続けたことにより、国内経済は成長を続け、国は豊かさを増している。とはいえ、ＥＵへの加盟だけはいまだに認められていない。イスラム国であるトルコとＥＵ諸国との交渉の行方は注目されるところだ。

最近ではテロの脅威となっているイラク北部のクルド人武装組織をめぐり、イラクとの折衝が難航しており、新たな火種になるのではないかという声もある。

◆トルコの周辺国

ウクライナ
モルドバ
ロシア
ルーマニア
マケドニア
ブルガリア
黒海
グルジア
イスタンブール
アルメニア
ギリシャ
アンカラ
トルコ
イラン
イズミル
アダナ
キプロス
シリア
地中海
レバノン
イラク
イスラエル
ヨルダン
サウジアラビア
エジプト
紅海

エジプト・アラブ共和国

――Arab Republic of Egypt
ナイル川流域のエジプト文明から出発したアラブの盟主

ギリシアの歴史家ヘロドトスは「エジプトはナイルの賜物」という言葉を残しているが、それは今も変わってはいない。

実は、エジプトはアフリカ大陸を横断するサハラ砂漠の一部となっていることから国土の大半は砂漠地帯で、国民のほとんどは南北に流れるナイル川の流域で生活しているのだ。

エジプトの歴史もこのナイル川に起源を発している。最初の王国が川の下流域のメンフィスに誕生したのは、紀元前3000年頃。世界遺産にも登録されたギザの大ピラミッドが築かれるのは、前2600年頃の古王国時代である。

エジプト文明の特徴のひとつである太陽神ラーの信仰や死者のミイラ化もこの頃から始まり、王国も繁栄を極めた。だが、それも前1700年を過ぎたあたりを境に様相が変わってくる。周辺地域から異民族が侵入してくるのである。

その勢いは時代を経るにしたがって増していき、ついに前332年、マケドニアのアレクサンドロス大王によってエジプトは征服されるのだ。

そして、大王の死後はその流れを汲むプトレマイオス朝へと変わり、さらに女王クレオパトラの死によりエジプトはローマの属州になるのである。

衰えた王国にもはや復興する力はなく、641年にはアムル・ブン・アルアース率いるアラブ軍に征服され、以降イスラム勢力のウマイヤ朝、アッバース朝とその王朝を次々と変えるのだ。

エジプトにイスラム教が入ってきたのはこの時だ。それまでこの国にはキリスト教が根づいていたが、支配者が代わったことによりイスラム教への改宗が相次ぐようになる。また、アラブ人が農村部に定住するようになったことでアラビア語も普及し、公用語もこの時代にアラビア語となるなど、イスラムの文化が国民の間に浸透していくのだ。

エジプトが再び王国となるのは1798年になってからである。契機となるのはナポレオン1世によるエジプト遠征で、ナポレオンはイギリスとインドとの関係を断ち切るためにその交通路となっているエジプトを征服したのだ。

統治はわずか3年間にすぎなかったが、その権力の座を引き継いだ元傭兵隊将校のムハンマド・アリが国王となり、富国強兵策と殖産興業政策によりこの国を近代国家に向かわせた。

しかし、この近代化もアリ王の死により急速にブレーキがかかる。しかも、フランスと共同で行っていたスエズ運河の建設が国内経済の衰退を招いたことで、国家財政そのものが破綻してしまう。

財政を立て直すためにエジプトはスエズ運河の経営権をイギリスに売り渡すが、それは事実上、運河をイギリスの支配下に置くことになるのである。

これに不満を持つ国民は反英感情を強め、国王にも批判の目を向けた。そこで軍人のナセルは1952年にクーデターを起こすとスエズ運河を接収し国営化した。これによりエジプト王国は消滅して共和国になるが、いうまでもなくイギリスはこの行為に強く反発し、これはのちにスエズ戦争へと発展する。

戦争は領土問題でアラブ諸国と紛争の絶えないイスラエルも巻き込み、その後4度にわたり繰り広げられる中東戦争の発端ともなった。このスエズ戦争は東西の冷戦下で行われたため、旧ソ連を味方につけたエジプトが勝利を手にするのである。

その後、冷戦が終結するとエジプトは政策を大きく転換してアメリカとの関係も深めるようになるのだ。

2010年からアラブでは〝アラブの春〟といわれる大規模な反政府デモが起こる。エジプトでは初めて民主政権が発足したが、エジプト軍によるクーデターによってわずか1年で幕を下ろすことになり、暫定政府が成立するに至っている。

◆古代エジプト文明が栄えた都

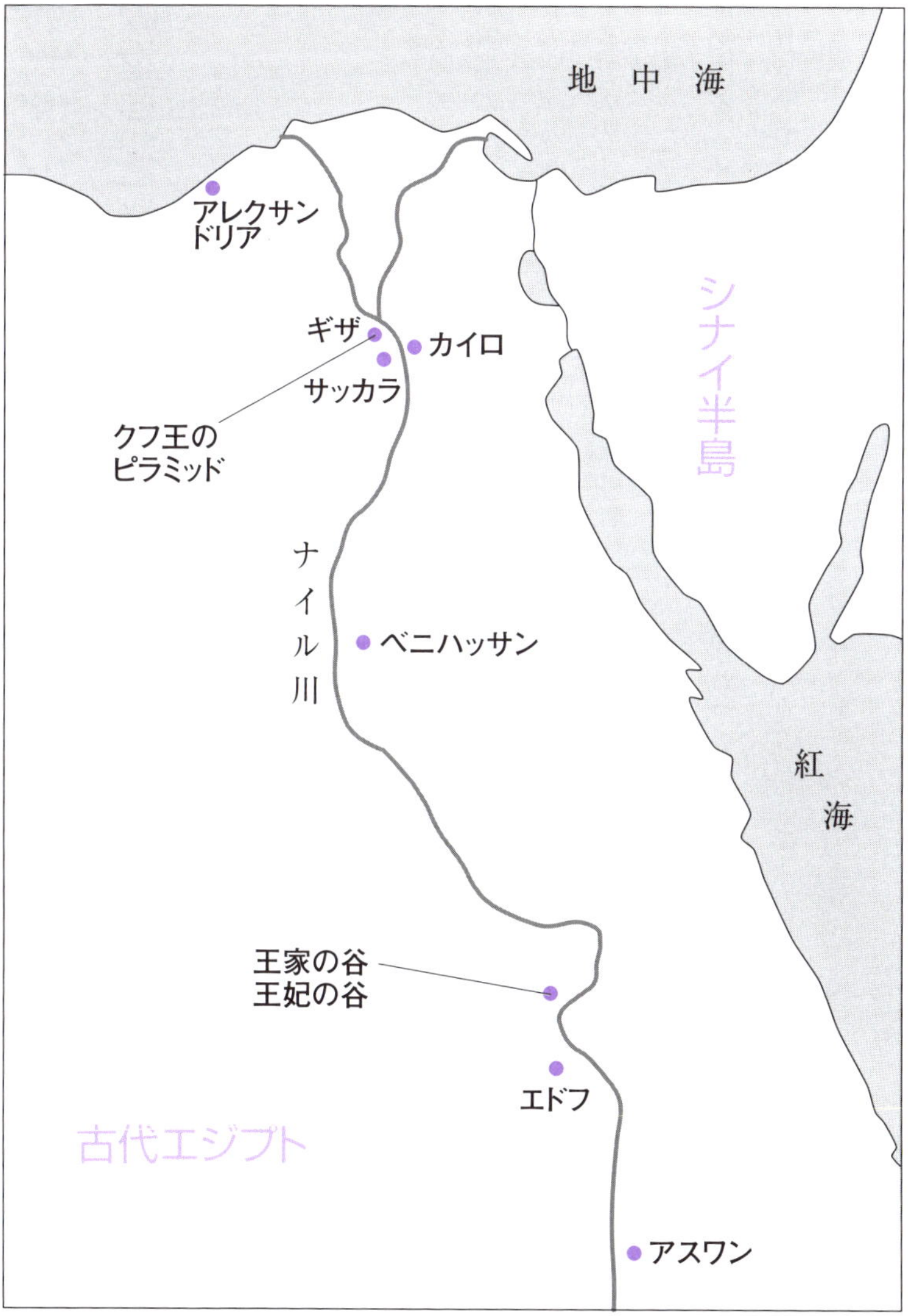

チュニジア共和国——Republic of Tunisia

世界史の重要な「舞台」として登場する地中海の国

チュニジアは紀元前から「ローマの穀倉」と呼ばれるほど肥沃な大地に恵まれ、小麦やオリーブなどの農作物の栽培が盛んに行われていた。さらに地中海沿岸のほぼ中央に位置するので、海上貿易の拠点としても栄えた。このため7世紀まではフェニキア人、ローマ人、ビザンチン帝国などの支配を受け、それ以降はアラブ人の王朝が繁栄した国である。

アラブ人の王朝はイスラム勢力の王国として時代とともに興亡を繰り返し、アグラブ朝、ムラビト朝、ハフス朝などと次々と変わっていった。そして、さらにこの国が大きく変わるのは、16世紀にオスマン・トルコ帝国の属領に組み込まれてからだ。

帝国から任命され、その統治にあたったパシャ（太守）がしだいにこの土地と関係を深め、そのことで帝国の属領でありながら独立した政権としての権力を持つようになる。

そして、その配下の軍部が実質的に権力を握るようになると、帝国離れはさらに高まり新王朝の誕生へとつながっていくのである。

1613年に新しくムラード朝が興されると、それは1705年にフサイン朝へと発展する。チュニジアはこうして独立国家としての道を歩むかのようにみえたが、しかしそれも19世紀になると再び様相が大きく変わるようになる。ヨーロッパ列強の植民地支配の波が押し寄せ、アフリカの周辺諸国にも進出を始めるのだ。

フサイン朝は隣国のアルジェリアとリビアが植民地化されてしまうと、自らも同じ運命をたどるのではないかと危機感を持ち、富国強兵策をとって軍事力を強化、列強に対抗できるだけの力を持つ国造りをめざした。

しかし、実行に移した計画はあまりにも急進的で無謀ともいえるものだった。このため国の財政を軍事費が圧迫し、やがてそれが原因となって財政破綻への道を歩むようになるのである。これにフランスがつけ込み、1883年に侵攻するとチュニジアの財政と外交権を得る。こうして独立の動きを封じこまれたチュニジアが再び独立に向けた動きを起すのは第二次世界大戦後だった。

民族意識の高まったアフリカ諸国と足並みを揃えるように、大陸北部を東西に走るアトラス山脈の東端にあるこの国が、独立国家として認められるのはようやく1956年になってからのことだった。

南アフリカ共和国——Republic of South Africa

ダイヤモンド、金の発見がこの国の運命を変えた

南アフリカは１９９１年まで世界的に悪名高い人種隔離政策（アパルトヘイト）をとってきた国だ。

１９４８年以来、半世紀もの間、人口の１割にも満たない白人がその９割以上を占める黒人たちを支配してきたことで知られ、今では表面上人種差別はなくなっているかにみえる。

しかし、このアパルトヘイトの原因となった膨大な埋蔵量を誇るダイヤモンド鉱山と金鉱山は今でも採掘が続いている。

そもそも、この国に初めて侵攻してきた白人は、１６５２年に喜望峰にあるケープタウンをインド航路の中継港にしたオランダ人だった。

その後、ナポレオンが台頭してオランダを征服すると、イギリスはその戦争の混乱に乗じてこの港を２度にわたって占領し、１８１４年からは植民地にしてしまったのである。

これにより土地を追われたのは、それまでケープタウンで生活していたオランダ系の白人住民たちだった。彼らはやむなく近隣地域にトランスバール共和国やオレンジ自由国などといった国を新たに建国すると、そこに移住する。

ところが、ここで予期せぬことが起きる。それは、このうちのオレンジ自由国内で1867年にダイヤモンドの鉱脈が発見されるのだ。すると、イギリスは再びオランダ系の住民たちに干渉し、その地域の割譲を求めるのである。

さらに1886年に金鉱が見つかると、今度はその鉱山をも手に入れるためイギリスはブーア戦争を起こして、トランスバール共和国とオレンジ自由国をともに植民地に取り込んでしまうのだ。だが、いくら植民地になったとはいえ鉱山の採掘にオランダ系の住民たちの協力は不可欠だった。そこで考え出したのが人種差別だった。

イギリスは1910年にオレンジ自由国のほか3州を南アフリカ連邦としてまとめると、オランダ系住民を厚遇するために白人が黒人を支配するという国家を成立させるのである。

しかし、第二次世界大戦後に民族意識が高まると、大半の国民である黒人たちは人種隔離政策に抗議し、ようやく政府は1980年代に入ってその撤廃に向けて動き出すのだ。

ダイヤモンドも金も発見されなければ、おそらくアフリカ大陸にあるこの国の歴史も変わっていたにちがいない。

イエメン共和国——Republic of Yemen

南北分断を経て、統一を果たしたアラビア半島南部の国

アラビア半島の南端、紅海とアデン湾に面している国がイエメン共和国だ。この国は、1990年までイエメン・アラブ共和国（北イエメン）とイエメン民主人民共和国（南イエメン）に分断されていた。

イエメンは古代より「幸福のアラビア」と呼ばれ、紀元前は香料を中心とした国際交易都市シバ王国として栄えていたことが知られている。しかしその後、東西を結ぶ交易路はアラビア半島の西側を通るようになったことから、この国はそれ以降、周辺国から忘れ去られ、歴史の表舞台に登場することもなかった。

初めて歴史にその姿を現すのは、16世紀にオスマン・トルコ帝国に支配された後である。なかでも、19世紀にヨーロッパの列強がアジアに植民地を求め出すと熱い視線を浴びることになった。

実は、南部イエメンにあるアデン港は紅海に面しているため、インド貿易の中継拠点として石炭を補給するのに都合がよかったのである。これにいち早く目をつけたのがアジア貿易の独占権を握っていたイギリスだった。

イギリスは将来にわたり、この港がインド洋と紅海を結ぶ航路の要衝となることを見通していた。そこで1839年にオスマン・トルコ領内のイエメンに侵攻すると、南部イエメンを占領する。この思惑どおり、その後フランスとエジプトによりスエズ運河が開通し、地中海から太平洋に出る船舶にとってアデン港は重要な中継拠点となったのである。

一方、イギリスに占領されなかった北部イエメンも1911年にアラブ人の民族意識の高まりによりオスマン・トルコからその支配権を奪い返した。そして第一次世界大戦で帝国が敗れるとイエメン王国として独立、その後1962年のクーデターによりイエメン・アラブ共和国となったのである。

南部イエメンでも独立を求める動きがあったがイギリスはそれを許さず、第二次世界大戦後はこのほかの保護領とともに南アラビア連邦として併合し、支配し続けようと画策していた。

だが、このイギリスのやり方に反発した人々は反英戦争を起こすと、ついにイエメン民主人民共和国として独立する。さらに南北イエメンの統一に向けた動きが続き、ひとつの国家として統一される。まさにイエメンの建国史はアデン湾をめぐる大国との戦いの歴史なのである。

クウェート国

State of Kuwait

戦略上重要な役割を持っていた「小さな砦」

ペルシャ湾の最奥の地で、砂漠の広がるアラビア半島の付け根にあるのがクウェート国だ。

1990年8月、隣国のイラク共和国から侵略を受け、その後、イラク対アメリカ軍を中心とした多国籍軍による湾岸戦争に発展して解放された。

この国の起源をさかのぼると、クウェート周辺の民族はどちらかというと定住民というよりも、特定の土地を所有しないアラブ系の遊牧民との関係が深い。そのためか、8〜13世紀にかけて強大な勢力を誇ったイスラム勢力のアッバース朝や、13〜16世紀にかけてのモンゴル帝国からも直接支配されることはなかった。

いわば、中世まではあまり注目されることのない地域だったともいえる。

ところが、それも16世紀以降様変わりする。ペルシャ湾からそのままアラビア海に船を出せるため、大航海時代になるとインド貿易の拠点港を確保したいポルトガル、オランダ、イギリスがこぞって進出してきたのである。

国名のクウェートも、ポルトガルが自ら築いた要塞を「小さな砦」と称したことに由来している。

ただし進出といっても、力ずくで人々を支配したわけではなかった。そもそも、現在の首都でもあるクウェート市にアラビア半島内陸部からいくつもの部族が集まり始めたのは、その2世紀も後のことで、それまでここはペルシャ湾に数ある港のひとつにすぎなかったのだ。

最初の王朝となるサバーハ朝が興るのは18世紀の中頃で、その成立後は西で勢力を限りなく拡大するオスマン・トルコ帝国を警戒してイギリスと保護条約を結ぶと、その保護領となった。

今でこそクウェートは世界でも有数の石油産出国であるが、本格的に油田開発が行われるのは第二次世界大戦後で、「近代化の父」とも呼ばれるアブドッラー王が石油の輸出に力を入れるまでは国民にその恩恵はもたらされなかった。

しかし、石油によって経済が発展するようになると社会も豊かになり、しだいに国民の間に民族主義が高まるようになった。そして、1961年にイギリスの保護領から脱却すると独立国家としての道を歩むようになり、現在へと至る。

石油がもたらす経済効果は国民を潤すだけではなく、時として国家の成立にさえ関わることがある。豊かな石油資源を背景に今後も発展が期待される。

アルジェリア民主人民共和国

——People's Democratic Republic of Algeria

「砂漠の国」に目をつけたフランスの思惑

地中海に面し、アフリカ大陸で2番目に広い国土を持っているのがアルジェリア民主人民共和国だ。

その広大な面積の8割以上がサハラ砂漠で、人口の9割が地中海に面した首都アルジェの周囲に集中している。しかし、自然環境は農作物の栽培にも適しており、それはまた歴史にも深く関わっている。

アルジェリアはもともとベルベル人の国だったが、古代から中世にかけてはフェニキア人、バンダル人、ビザンツ帝国などに次々と侵略され、16世紀なるとオスマン・トルコに征服されている。とはいえ、この時代までは地中海交易の拠点のひとつでしかなかった。

19世紀に入りオスマン・トルコ軍を破ってフランスが侵攻すると、アルジェリアにまったく新しい価値を見出すのだ。それは恵まれた自然環境の中で営むブドウや野菜などの栽培だった。

やがて、ヨーロッパにこれらの野菜や果実が輸出されるようになると貿易で莫大な収益を上げるようになり、多くのフランス人がこの国に渡って大規模な農園を経営するようになった。

さらに、気候が温暖で生活しやすいことが伝わったことでヨーロッパからの入植者が急増し、その人口はアフリカで最大規模となっていくのである。

だが、第一次世界大戦が終了するとその流れは変わる。アルジェリアの人々に民族意識が芽生え始めるのだ。

すでに隣国のチュニジアでは、国民が主権を取り戻す憲法制定の動きが始まっており、また同じく隣国のモロッコでも本来の支配者であるスルタンの復活を望む声が高まっていた。

しかし、フランスはアルジェリアに独立を認めないばかりか、その動きを封じ込めようとし、その圧力は第二次世界大戦後も続くのである。

やがて民族運動は内戦へと発展し、国民は1955年にアルジェリア民族解放戦線を組織すると、7年間にわたり独立を勝ち取るまでフランスとの戦いを続けるのである。

そして1962年、多くの血の代償とともに、この国は大国からの支配に終止符を打つことができたのだ。

アトラス山脈とサハラ砂漠の地域に二分されるアルジェリアだが、このうち山脈から続く高原の砂漠化が進み、21世紀に入り深刻な問題となっている。

◆中東・アフリカ

ポルトガル
スペイン
黒海
カスピ海
グルジア
アルメニア
トルクメニスタン
トルコ
アゼルバイジャン
チュニジア
地中海
キプロス
レバノン
イスラエル
シリア
イラク
イラン
モロッコ
ヨルダン
クウェート
バーレーン
カタール
アラブ首長国連邦
西サハラ
アルジェリア
リビア
エジプト
紅海
サウジアラビア
オマーン
モーリタニア
マリ
ニジェール
チャド
エリトリア
スーダン
イエメン
セネガル
ブルキナファソ
ジブチ
ギニア
ナイジェリア
コートジボワール
ガーナ
南スーダン
エチオピア
ソマリア
ガンビア
ギニアビサウ
シエラレオネ
リベリア
トーゴ
ベナン
カメルーン
中央アフリカ
インド洋
赤道ギニア
コンゴ(共)
コンゴ(民)
ウガンダ
ケニア
ガボン
ルワンダ
ビクトリア湖
ブルンジ
サントメ・プリンシペ
タンザニア
セーシェル
マラウイ
コモロ
アンゴラ
大西洋
ザンビア
モザンビーク
マダガスカル
ジンバブエ
ナミビア
ボツワナ
モーリシャス
スワジランド
南アフリカ
レソト

5章

南・北アメリカ

アメリカ合衆国
「新大陸」の植民地はいかにして世界一の超大国となったか
――United States of America

北米大陸の中央部を占め、カナダ北西部のアラスカと太平洋のハワイやグアムを領有するアメリカは、世界最大の国力を持つ超大国である。農業生産国としては世界の食糧事情に影響を与え、ニューヨーク株式市場は世界経済の中心を事実上担っている。

この大国には「アメリカン・ドリーム」を求めて今でも世界各国からやってくる人があとを絶たない。しかし、その反面アメリカが抱える諸問題も少なくない。

中南米諸国から仕事を得るために密入国するヒスパニック系の人々が潜在的に増えていること、そしていまだに根強く残る黒人に対する人種差別という過酷な現実があるのも事実なのである。これも自由を標榜するアメリカという大国の抱える矛盾点なのかもしれない。

北米大陸にやってきたイギリス人は最初から自分たちが開拓した領土は、いずれ自分たちのものになる、という考えを持っていた。

建前上は新大陸を開拓せよ、というイギリス本国の命令に従うが、実際はそんなことよりも新大陸で事業を興し一旗挙げようと希望を抱きやってくる者、またピューリタンのように信仰による新しい国家をつくろうと理想に燃える者など、さまざまな目的を胸に秘めてやってきた。

これは中南米を植民地化したスペインのように、武力により資源を略奪して自国に持ち帰ることを目的とするという植民地に対する考え方とは根本的に違っていたということだ。

最初にイギリス人が北米につくった植民地は、バージニアのジェームズタウンである。その植民地には当初、わずか144人しかいなかった。

その後、大西洋岸沿いに開拓を進め、南部ジョージアを植民地として、十三植民地を開設するまでに約170年もの長い歳月を費やしたことからも、植民開始時の彼らの相当な苦労がうかがえる。

この間、イギリス以外で北米の植民地化を進めていた国々とも争奪戦を行う。1621年にマンハッタン島を先住民から買収してニューアムステルダム（後のニューヨーク）を置いていたオランダと戦って領土を奪取、1608年にはケベックを建設以後、ミシシッピー川沿いに南下しヌーベルオレルアン（現在のニューオリンズ）まで領土としていたフランスと植民地をめぐり、フレンチ・インディアン戦争（1754〜63年）を起こす。

この戦いの勝利により、イギリスは北米のミシシッピー以東の広大な領地を手に入れることができたのである。

他国との植民地争奪戦に勝利したが、その頃からすでに独立の兆しは生じていた。とりわけ本国イギリスが植民地で発行される印刷物に税を課す印紙条例を発表したことがきっかけとなり、よりいっそう亀裂が深まっていく。

そんななか、1773年に本国との関係を決定的に悪化させる「ボストン茶会事件」が起きる。「自由の息子」を名乗る反英活動グループはイギリスが経営する東インド会社の船を襲撃、茶箱を海に投げ捨てたのである。この事件により、本国イギリスと植民地側の独立をかけた戦いの火蓋が切られたのだ。

1776年になるとフィラデルフィアでトマス・ジェファーソン起草のアメリカ独立宣言が発布され、本国イギリスと完全に袂を分かつに至った。独立のための戦いはし烈を極めたが、1781年10月、ヨークタウンの戦いでイギリス軍に勝利して戦いに終止符が打たれる。

こうして晴れて、独立国家アメリカ合衆国が誕生したのである。

アメリカ史上最大の犠牲者を出した「南北戦争」

独立を果たしたアメリカでは「GO WEST」を合言葉に西部開拓に向かい始める。

フランスからルイジアナを買収、メキシコからはテキサス、カリフォルニアを手に入れるこ

◆アメリカ独立時の領土拡大図

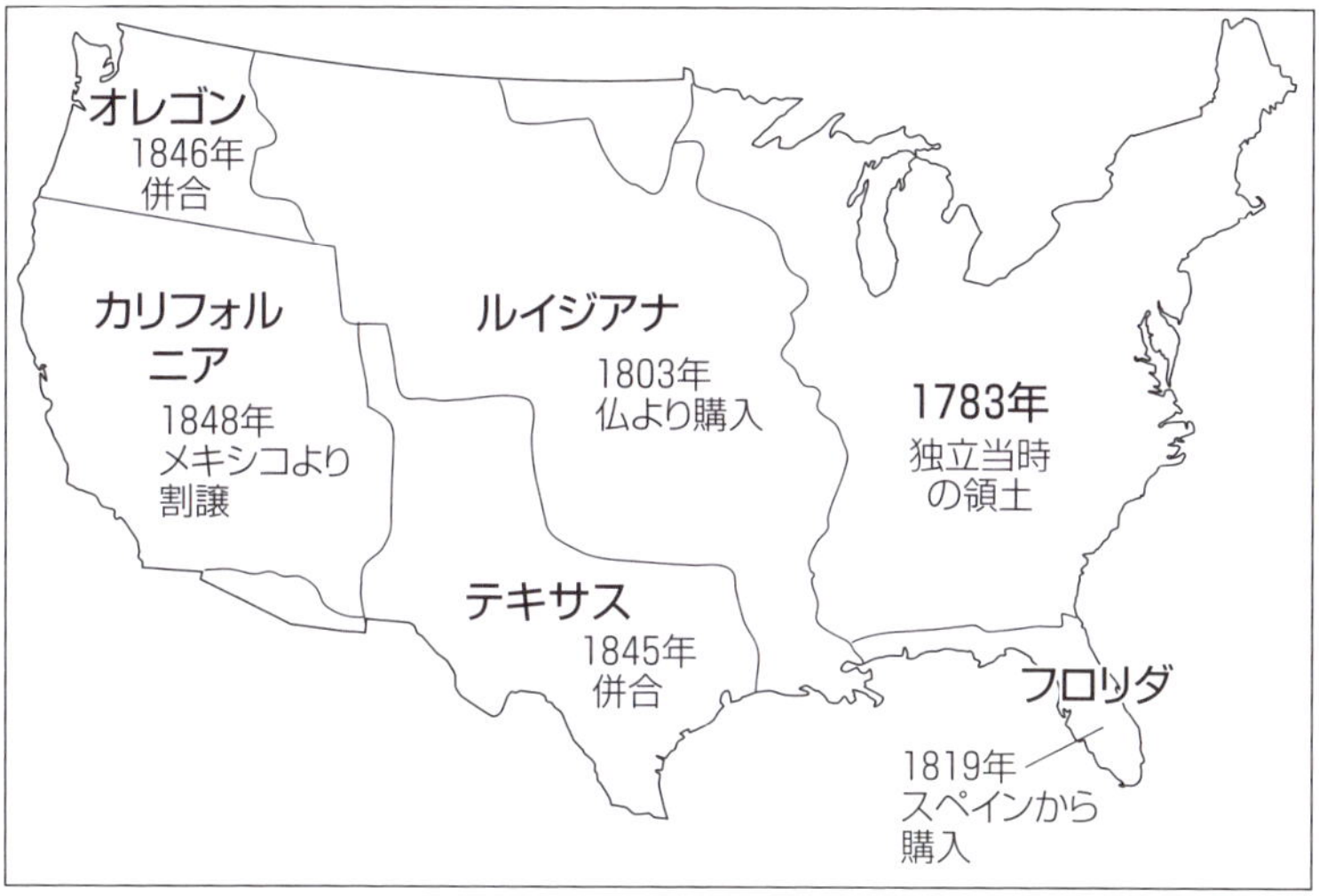

とにも成功すると、カリフォルニアで金が採れると知った人々は一攫千金を夢見て我先にと西へ向った。

西部開拓者たちはそこでインディアン（ネイティブアメリカン）との軋轢が生じ、数々の抵抗を受ける。しだいに関係が悪化すると、開拓者たちはインディアンを居留地へと追いやり、歯向かう者は徹底的に弾圧したのである。

しかし、同時に国内では大きな問題が浮上していた。黒人の奴隷問題である。「自由と平等」をモットーに独立したアメリカにとって、アフリカから連れてこられた黒人の奴隷にも自由を与えるべきだという声が、北西部を中心に強く沸き上がったからである。

当時、南部各州では綿花栽培プランテーションが盛んで、大農場で大量の黒人奴隷を使うことで綿花需要を支えていたので奴隷制度を廃止することは生産性を下げることにつながったのだ。

1860年の大統領選挙で北部出身のエイブラハム・リンカーンが当選すると、南部11州は大きく反発、選挙の無効を訴えた。そしてリンカーンではなくジェファーソン・デイビスを大統領と認め「アメリカ連邦」を結成する。つまり、当時北部には選挙に当選した大統領と、南部が勝手に決めた大統領という2人の大統領がいたわけである。

1861年、ついにサウスカロライナ、ミシシッピー、フロリダ、アラバマ、ジョージア、ルイジアナの南部6州が連邦脱退宣言を表明し、新たにCSA(南部同盟政府)という国家を樹立する。

当時の大統領であったリンカーンは南部各州に連邦への復帰を促すが、CSA側はその答えを砲撃で返した。

これにより南北戦争が勃発、開戦当初はリー将軍率いる南軍の優勢だったが、リンカーンによる「奴隷解放宣言」が内外の世論から支持を集め、グラント将軍が北軍の最高司令長官に就任してからは北軍有利の形勢に変わる。

そして4年にわたる戦いは、1885年に北軍の勝利で終わる。これにより奴隷制度は廃止されたが、この戦争で多大な犠牲者が出たのも事実である。

◆アメリカ合衆国

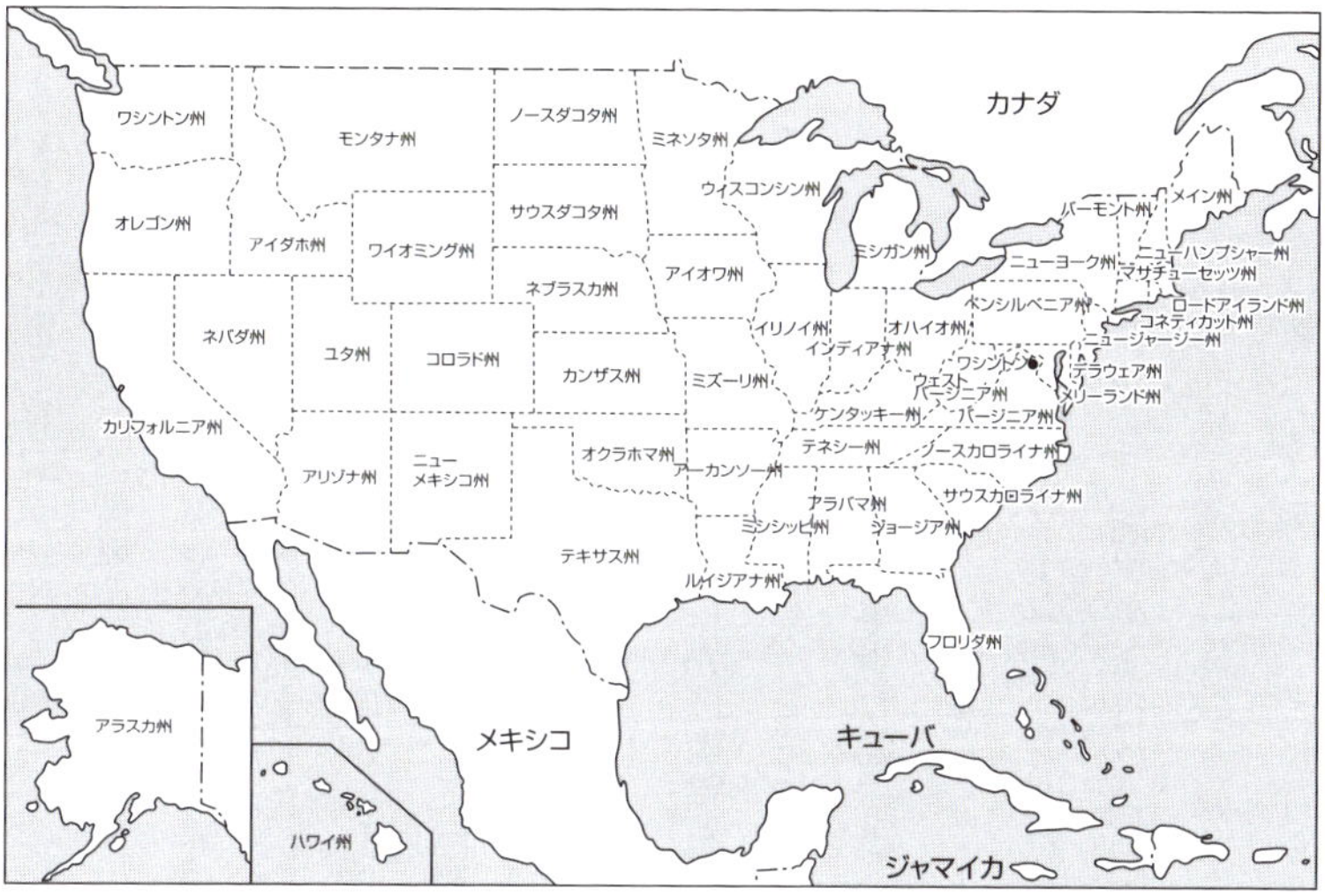

戦死者は両軍あわせて61万８０００人。第二次世界大戦のアメリカ軍戦死者が30万人であるから、いかに激しい戦いであったかがうかがえる。

しかし、奴隷制度が廃止されたからといって法律上、自由を得た黒人たちが真の自由を勝ち得たわけではなかった。以後も人種差別は続き、黒人たちは生きるために戦争前と同様の厳しい労働環境に身を置くしかなかったのである。

南北戦争後のアメリカは各産業の工業化が進み、それと同時にトマス・エジソンやアレクサンダー・ベルなど、才能を持った人々が登場する時代に入った。経済も飛躍的に成長し、しだいに世界から注目されるようになっていく。

この勢いは20世紀初頭に入っても続き、アメリカは第一次世界大戦、そして第二次世界大戦にも参加して勝利すると、世界にあって不動の地位を占める。世界が大戦による壊滅的な状態になっているなか、安全保障や軍事面で世界のリーダーとなり繁栄を謳歌したのだ。

一方で、共産主義体制を世界に拡大したいソ連との対立が世界を巻き込む冷戦へと発展し、米ソの対立は核戦争の一歩手前まで達した１９６２年のキューバ危機で最も高まった。

しかし、両国ともに軍事予算が拡大して巨額の財政赤字を抱えたことから、両首脳の話し合いにより１９８９年に冷戦は終結する。そして、それから2年後にソ連は崩壊し、アメリカ一強時代が到来した。世界唯一の超大国に上り詰めたのだ。

だが２００１年9月11日、全世界に衝撃を与えたアメリカ同時多発テロが起こると、その報復としてアフガニスタンを攻撃し、さらにテロ国家であるとしてイラクに侵攻し、フセイン政権を倒す。こうしたアメリカの軍事行動によって中東地域の治安は悪化、テロ組織「ＩＳ」を生むきっかけになったといわれている。

さらに、国内ではサブプライムローン問題を発端としたリーマンショックが起こり、世界金融危機という事態に至る。国民の所得格差の大きさも問題になり、政治への不満が高まった。そして、２０１６年大統領選で「保護主義」を訴えた共和党のトランプ候補が劇的な勝利をおさめ、アメリカは新たなステージへと移行した。

カナダ——Canada

エリザベス2世を元首とする連邦国家誕生の経緯

北米大陸北部に雄大な自然と広大な国土を持つカナダは、隣国アメリカの一卵性双生児とか、51番目の州と評される。

実際、カナダ国民のほとんどがアメリカとの国境に近い南部地域に住み、首都オタワをはじめモントリオール、トロントなど主要都市もアメリカ国境からわずか200〜300キロ以内にある。このことからアメリカ北部の都市と経済的、文化的交流が盛んに行われているのだ。

カナダでは北米大陸を発見したのはコロンブスではなく、11世紀頃に北欧からやってきたバイキングであることが定説になっている。事実、バイキングはコロンブス以前にニューファンドランド島に到達してその住居跡は残っているが、彼らは新大陸に移住することはなかった。

北米大陸の開拓は15世紀から16世紀にイギリス、フランス、ポルトガル、スペインなどヨーロッパ諸国の探検隊が次々と訪れたことから始まる。

今のカナダ領域は１６０８年、フランスのサミュエル・ド・プレシャンがケベックに要塞を建て、植民地としての礎を築いた時からスタートした。フランス人は先住民と毛皮取引（主流はビーバー）を行い、その毛皮をヨーロッパで売ることに大成功したのである。

これを契機に、フランスはラブラドル沿岸からミシシッピー川河口付近に至る広範囲に勢力を伸ばしていった。

順調に植民地政策を進めていたフランスだが、１７６０年に同じく北米大陸で植民地政策を行っていたイギリスとの間で植民地争奪戦、フレンチ・インディアン戦争を起こす。

これは植民地の人口が少なかったフランスがインディアンと連合してイギリスと戦った戦争だが、フランスはこの戦いに敗れて領土を失い、この結果、北米の植民地はほとんどイギリス領となった。

しかし、１７７５年になるとイギリス本国に対して「アメリカ独立革命」が起きる。植民地の人々は革命派と本国支持の王統派に分かれ、それはやがて紛争へと発展し、勢力的に優勢だった革命派により王統派はやむなく現在のカナダ地方へ移り住んだのである。

逃げ場所のカナダ地域までもアメリカに吸収併合されることを危惧した王統派は、ただちにイギリス議会の承認を受け１８６７年７月１日、英領北アメリカ法により自治領カナダを結成したのである。

キューバ共和国

カリブ海の島国がアメリカと対立を続けた本当の理由——Republic of Cuba

キューバはカリブ海で最も大きいキューバ島と約1500の小さな島々からなり、アメリカのフロリダ半島からわずか160キロの位置にある社会主義国だ。

1511年、キューバはベラスケス率いるスペインにより征服された直後、虐殺や疫病により、島民の約90パーセントが死滅するという悲劇に見舞われる。それゆえ植民地としては一時的に金の採掘などが行われたものの、あまり活気を呈することはなかった。

キューバが発達したのは、イギリスからの独立に成功したアメリカと貿易をするようになってからである。

アメリカはキューバに大規模な奴隷制砂糖プランテーション産業を発展させるために資本投下を行い、キューバの産業や公益事業を事実上すべてアメリカの支配下に置いた。

その後、キューバは1902年に独立するが、その際もアメリカの後ろ盾がなければ成立し

◆キューバ関連の事件

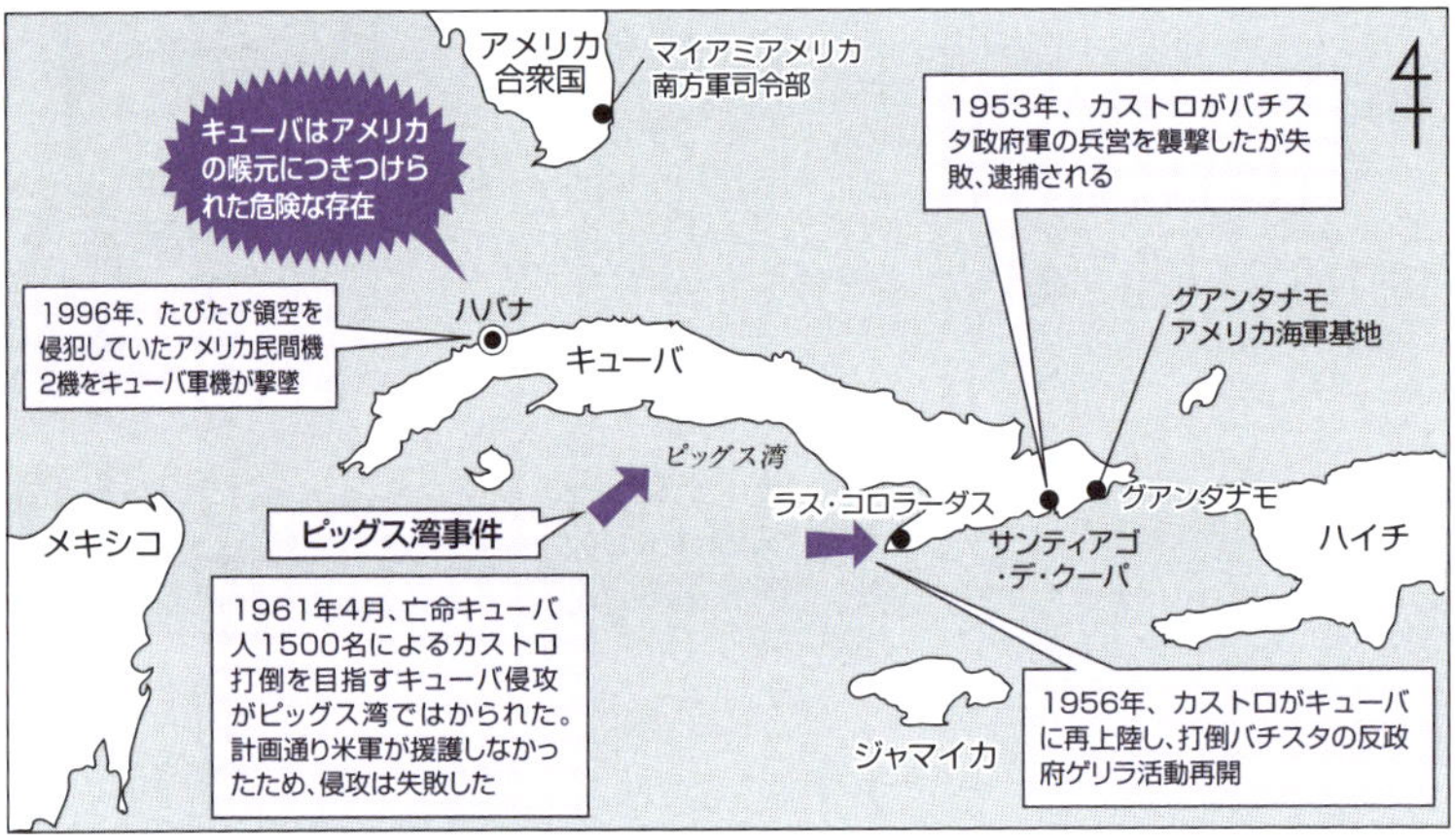

ていなかったといっても過言ではない。キューバ独立を支持したアメリカは、そのことが原因でスペインと関係が悪化、ついに戦争となり、アメリカが勝利したことでキューバは独立を果たすことができたからだ。

こうして独立を果たしたものの、実情はスペインに代わりアメリカの軍事的支配下に入ったにすぎなかった。

１９２０年代末の世界恐慌の影響でキューバも経済不振に陥ると、国内でもアメリカ支配に不満を持った人々が各地で完全な自治独立を求める政治運動を起こし始めた。１９３３年には民主革命も起きたが、アメリカによってわずか3カ月で鎮圧される。

このアメリカ支配に決定的な終止符を打ったのがフィデル・カストロである。１９５９年1月カストロは革命政権を樹立、翌60年には社会主義革命を提唱して中南米初の社会主義国家を誕生させる。この結果、アメリカとキューバの関係は完全に悪化する。

当時、アメリカと冷戦状態にあった社会主義大国の旧ソ連はカストロの独裁体制を支持した。

1962年には旧ソ連によりキューバにミサイル基地配備計画があることを察知したアメリカは、旧ソ連との間で全面核戦争寸前の事態（キューバ危機）に至った。

その後、ソ連の崩壊によって冷戦は終結したが、キューバとアメリカの国交断絶が続き、2015年に関係改善となった。翌年、数えきれないほどの暗殺計画があったというカストロは90歳で死去した。

◆キューバの独立からの100年

1898年	米西戦争後、スペインはキューバの独立を認める
1902年	アメリカの軍政下から独立
1959年	カストロ政権成立（キューバ革命）
1960年	対ソ貿易援助協定締結
1961年	米国と外交関係断絶、ピッグズ湾事件　カストロ首相、社会主義を宣言
1962年	キューバ危機
1965年	キューバ共産党結成
1976年	新憲法制定
1980年	マリエル事件（１２万5000人のキューバ難民発生）
1992年	憲法改正　トリチェリ法成立
1994年	米国、キューバ難民の入国を制限
1996年	米民間機（反カストロ亡命キューバ人団体）撃墜事件
1999年	米国による対キューバ経済制裁の一部緩和措置発表
2001年	米国からの食糧購入開始
2002年	カーター元大統領キューバ訪問

◆キューバ危機13日間の全容

10月16日	米偵察機による航空写真でハバナ近郊のサン・クリストバルにソ連のミサイル基地を確認
10月19日	米空軍がキューバ空爆を進言　ケネディ大統領は海上封鎖の方針を選択
10月22日	ケネディ大統領が国民にキューバのミサイル基地の存在とソ連に対する海上封鎖の方針を示す
10月24日	米大西洋艦隊による海上封鎖発動　ソ連船団撤退
10月26日	フルシチョフ首相がケネディ大統領にミサイル撤退条件を提示
10月27日	アメリカとの開戦をにらんだキューバ軍がキューバ上空で米偵察機を撃墜
10月28日	フルシチョフ首相がミサイル撤去を決定
(11月9日)	サン・クリストバルよりソ連のミサイルが完全撤去

パナマ共和国 ―― Republic of Panama

「パナマ運河」がもっていた戦略的重要性とは？

南北アメリカ大陸をつなぐ位置にあるパナマは、独立前はグラン・コロンビア領土の1州だった。パナマは中南米を植民地化するうえでスペイン人が最初から注目していた場所で、今でも太平洋とカリブ海を結ぶ交通の要所として栄え、年間の船舶通航量は1万3600隻に及ぶ。

パナマ地峡を発見したのもコロンブスだが、1513年にニュエス・デ・バルボアにより植民地化が始まると、スペインの南米征服の重要拠点となる。しかし、実際に運河建設が開始されたのはかなり後になり、最初に着手したのはフランスのレセップスだった。

1881年、レセップスは運河建設のために株式を公募し建設を開始したが、予算をオーバーしたり、黄熱病、マラリアが蔓延して工事はやむなく中止となる。この計画を引き継いだのがアメリカだった。

カリブ海を支配することを計画していたアメリカは、当初パナマ地峡を10年間租借するようグラン・コロンビア議会に求めるが、議会は主権を脅かされると懸念し難色を示すのである。

するとアメリカはグラン・コロンビア内の独立派と画策し、1903年、親米独立国家パナマ共和国を樹立させる。同時に中断されていたパナマ運河の工事も再開、1914年には運河を完成させた。

アメリカはこの運河をパナマから1000万ドルで買い取り、事実上アメリカの領土としたのだ。しかし、しだいにパナマ国内でも完全自主独立の気運が高まり、反米闘争も起きた。

国民はパナマ運河の完全国有化を望み、1964年からアメリカと運河返還の新たな条約締結の交渉を始める。この新条約締結に臨んだのが、パナマ国民から今でもカリスマ的英雄と慕われる国家保安隊司令長官のオマール・トリホスである。

1977年、トリホス将軍とカーター米大統領は新パナマ運河条約を締結し、条約どおり1999年12月31日をもってパナマ運河は完全に返還されたが、トリホス将軍は2年後、航空機事故で死亡する。

その後、ノリエガ将軍が実権を握るが、トリホス暗殺疑惑や不正選挙工作が原因で大規模な抗議デモも起き、アメリカ軍までも介入した。ノリエガはやむなく投降し、禁固40年の判決を受けた。そして、開通100周年を迎えたパナマ運河は2016年に第3閘門《こうもん》が運用され、さらに経済成長を続けている。

コロンビア共和国——Republic of Colombia

スペインからの独立を果たした南米の共和国

南米大陸北西部にあるコロンビアは西に太平洋、東はカリブ海に面した熱帯気候の国である。16世紀にスペイン人が侵入するまでこの国には8種族の先住民が居住していた。なかでもボゴタ高原一帯にいたチブチャ族は最も高度な文化を持っており、このボゴタを首都としていた。1538年、スペイン人によりその首都はサンタ・フェ・デ・ボゴタとして建設し直され、金鉱山発掘のために本格的に植民事業が開始される。

その後、スペインはボゴタに副王を置き、ヌエバ・グラナダ副王領として統治する。この領地は現在のコロンビア、エクアドル、ベネズエラ、パナマを合わせた地域だった。

18世紀末になると、このヌエバ・グラナダでも植民地支配に対する反乱が起き始める。増税などに反発する商人たちを中心に民衆が反乱を起こしたのだ。反乱軍は一時的にボゴタを占領するが、植民地軍によりすぐに弾圧されてしまう。

このヌエバ・グラナダ統治が終わったのは、スペインが１８１９年、シモン・ボリバル率いる植民地解放軍にボヤカの戦いで破れたからである。

スペイン軍に勝利したボリバルはベネズエラ生まれであり、幼い頃からルソーやロック、モンテスキューらの自由主義的な啓蒙思想に影響され、祖国ベネズエラの解放軍の指導者になった人物である。

ボリバルは、その後、ヌエバ・グラナダをグラン・コロンビア共和国と改名、将来的には南アメリカ諸国すべてを植民地支配から解放し、南アメリカ共和国を成立させようという構想を持っていたといわれている。ちなみに南米にあるボリビアは、このコロンビア解放の英雄であるボリバルの名にちなんでつけられたものだ。

こうして独立したグラン・コロンビアだが、のちにエクアドルとベネズエラ、パナマが分離独立。１８６６年に南米大陸の発見者コロンブスの名前にちなみ、コロンビア共和国と国名がつけられた。

その後、コロンビアでは１８４９年に自由党と保守党という二大政党が結成され、以後１４０年以上という長期間にわたり、この2党によって国政は維持される。その間に、2党は意見の違いから内戦を続けたが、２０１６年に内戦の終結をめざした和平合意が承認され、62年にわたる内戦に終止符が打たれた。

メキシコ合衆国
――United Mexican States
〝アステカの地〟がスペインの侵略から独立を果たすまで

豊かな自然環境がある地域では古くから文明が発生してきたが、メキシコ各地にもいくつかの文明が現れた。

最も古い文明は、紀元前1200年頃にメキシコ湾の湿地帯に発生したオルメカ文明であり、この文明は3世紀頃に南部のユカタン半島を中心に誕生したマヤ文明や、14世紀に中央高原地域に現れたアステカ文明にも影響を与えた。

メキシコの古代文明に共通していることは「神殿文化」を持っていたことだ。マヤやアステカでは神殿を中心にして生活が築かれ、神々を祀ることで民衆に精神的な連帯感が生じ、都市国家を形成していったのである。

なかでもメキシコシティから北東50キロにある「月のピラミッド」や「太陽のピラミッド」で有名なアステカ王国の古代都市ティオティワカンは、4～5世紀の最盛期には人口100万人にも達する古代都市だったといわれている。

マヤ人も高度な暦法や数学、またエジプトと同じく象形文字も使っていたことから、ヨーロッパ人から「新世界のギリシャ人」と名づけられていた。

しかし、これら栄華を誇った文化もスペイン人の侵入によって終焉を迎える。

エルナン・コルテス率いるスペイン遠征隊が、1521年産出量の高い金や銀を得るためにメキシコに上陸、アステカ王国を征服したからだ。スペインの思惑通り、サカテカスやグァナファトなどで大銀山の鉱脈が発見されると、スペイン人たちは本格的に銀山の経営に乗り出し、植民地として最大規模の銀山産業を発展させたのである。

この事業は大成功し、破産しかかっていたスペイン本国に大きな収益をもたらした。

だが、17世紀初頭になるとメキシコでも独立の気運が高まり、反スペインを掲げる農民や労働者階級の人々が各地で武装蜂起する事件が起こる。

本国の統制が厳しかったメキシコは紆余曲折の末、ようやく1821年に独立する。しかし、その後もアメリカとの戦争（1845～48年）に敗れ、領土のテキサスやカリフォルニアを失う。20世紀初頭にはディアス大統領の独裁政治に反発した国民が10年間にわたりメキシコ革命を引き起こすなど、政情の不安が長く続いた。

政情がようやく安定するのは1940年代半ばになってからである。

ペルー共和国・チリ共和国

――Republic of Peru・Republic of Chile

アンデス山中に築かれた高度な文明が滅亡した本当の理由

南米大陸の西部、太平洋に沿って位置するペルー共和国はアンデス山脈が南北に走り、東側はアマゾン川上流に及ぶ熱帯雨林気候地帯、西側は亜熱帯の砂漠気候に属している。そのペルーの南に隣接する国がチリである。

チリはアンデス山脈に沿い南北に4300キロ、国土の東西は平均で180キロしかない細長い国だ。北部の砂漠気候から南部はフィヨルドが多い寒帯気候まで、ひとつの国の中でも生活環境に大きな違いがある。また、チリから西に3000キロのところにあるモアイで有名なイースター島もチリの領土になる。

このように多様な自然環境を持っている両国だが、この地域一帯はナスカプレートと南アメリカプレートがペルー海溝で交わり、地殻変動が激しい。

1960年に起きたマグニチュード9・5のチリ地震では、その地震の影響で起こった津波がはるか日本にまで及び、死者119人を出している。

現在ペルーやチリがあるアンデス山脈地域一帯は、古代からいくつかの文明が発生した地域でもある。紀元前2世紀頃にはチャビン文明が発生し、その後モチーカ文明や地上絵で有名なナスカ文明、そしてワリ文明を経てインカ文明が発祥したと考えられている。

これらの文明で共通していることは、神々を祀る宗教的祭祀の場として数多くの神殿が建てられていたことである。

インカ文明では、神殿は単なる祭祀の場ではなく権力の象徴としての役割もあった。

クスコを中心に栄えたインカ帝国は1430年頃から急速に拡大したが、太陽神を崇拝することからインカ皇帝は太陽の御子と称され、その一族は絶対的な権力を握っていた。

太陽神殿（コリンカチャ）は街の中央に建てられ、その他の諸神殿も一般民衆からは崇拝の対象となっていたのである。

クスコ以外もタワンティンスーユ（4つの都市）といって支配地域を東西南北の4つに分け、都市を築いていた。クスコから移動する時には整備された石畳の道路（インカ道）を使い、途中にタンボという宿場兼倉庫まで設けていた。

インカ帝国は文字を使わなかったが、キープという結節縄を用いて徴税や動員のために人口を把握していたのである。

栄華を誇っていたインカ帝国もスペイン人の侵入により、その運命は狂わされていく。スペイン人の目的は主に金銀などで、彼らはインカの人々が持っていた金や銀をヨーロッパへ持ち帰ってしまったのである。

さらにスペインの欲望は尽きることなく、クスコを占領した後もより多くの金銀を求めて南下を続け、1557年に現在もチリの首都であるサンティアゴを建設、そこに総督府をおいて完全にインカ帝国を植民地化したのである。

ペルーとチリはインカ帝国時代からスペインによる植民地支配を受けてきたが、19世紀初頭ようやく両国とも独立する。

まず、1818年にはチリ独立軍がスペイン軍に勝利して独立、ペルーは独立に成功したチリとアルゼンチンの支援を受けて1820年独立に成功する。

しかし、この両国は19世紀末に鉱山資源である硝石をめぐり隣国ボリビアを巻き込んで大きな戦争状態に陥る。硝石は爆薬の原料として使われることから需要が増え始めたからだ。

硝石は主にアタカマ砂漠一帯で産出されていたが、この地域はペルー、ボリビアとの国境付近だったために、チリはペルーとボリビアと領土をめぐり5年間に及ぶ紛争を引き起こしたのである。

この戦いに勝利したチリは領土を拡大したが、領土を失ったペルーやボリビアのチリに対する感情は複雑であり、それは現在も完全には払拭されていないといわれている。

◆スペインによる南米進出経路図

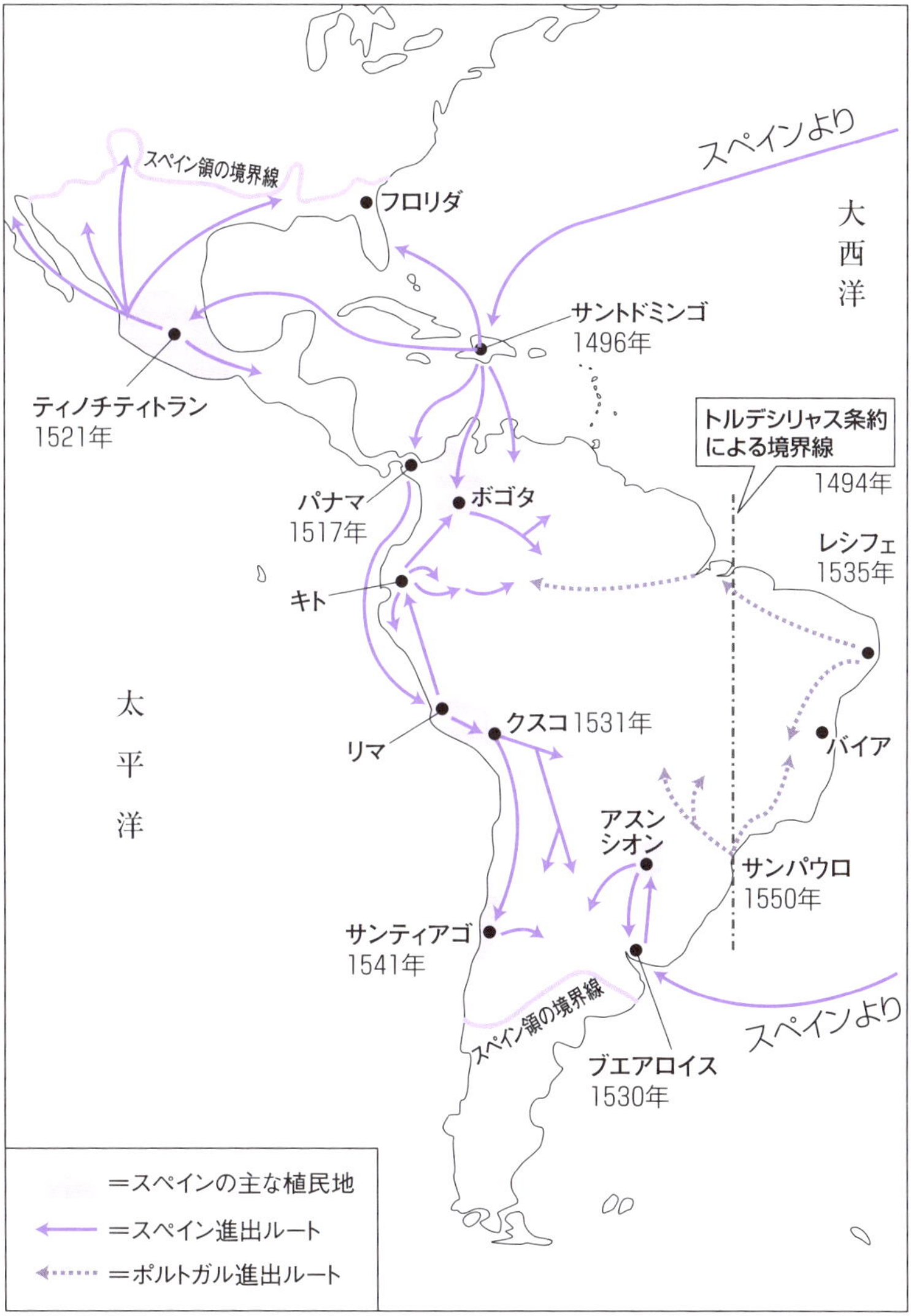

ブラジル連邦共和国

——Federative Republic of Brazil

南米で唯一のポルトガル植民地ができるまで

南米最大の国土面積を持つブラジルは人口も多く、南アメリカの総人口の約半数を占めるが、その歴史は他国の干渉を数多く受けている国でもある。

15世紀末、ポルトガルとスペインは、２国間でお互いの制海権を決定するためにローマ教皇の仲裁でトルデシリャス条約線（西経46度37分）を取り決める。

その結果、南米ブラジルは１５００年からポルトガルの植民地支配を受けることになる。

入植当初、フランスによって、荷物を積んだポルトガル船がたびたび襲撃されたり、東海岸には拠点を作られる。

そのため、１５３０年にはポルトガル王ジョアン3世はフランス船駆逐と沿岸部探査のため大規模な船隊を派遣、ようやくポルトガル本国もブラジル開拓に本腰を入れ始めるのである。

しかし、植民地統治に対してはあまり熱心ではなかった。金や鉄鉱石など豊富な資源があるにもかかわらず、染料材や家具材として樹木のパウ・ブラジル（ブラジルという国名はこの木にちなんでいる）を伐採するくらいだったのだ。

しかし、ブラジルも他の南米諸国と同様に１５８０年から１６４０年まで一時的にスペインの植民地となっていた時期がある。

これはポルトガル王室に後継者がいないことを知ったスペインのフェリペ２世が血縁関係を理由に王位継承し、ポルトガルを併合したからである。

スペイン併合時代の１６３０年にはオランダから攻撃を受け、北東部のレシフェという港を占領されたこともある。ブラジルの独立に関してもイギリスのバックアップがなければ成し遂げられなかったといえる。

１８０７年、ナポレオンの命によりフランス軍はリスボンに攻め入るが、ポルトガル王室および延臣《ていしん》約1万人は、イギリス艦隊に助けられブラジルに一時的に逃げる。

ブラジルはこれによりイギリスと通商条約を結び、最恵国待遇を与える。ナポレオン失脚後、１８２１年にポルトガル本国が無事独立するとジョアン6世は帰国するが、皇太子ペドロはそのままブラジルに残り、１８２２年9月7日、イピランガ川で独立を宣言したのである。

19世紀末になると、国内で奴隷制廃止や青年将校の間で帝政批判などが起こり、ついに１８８９年、皇帝を亡命させ、新憲法を成立してブラジル連邦共和国となった。

◆南・北アメリカ

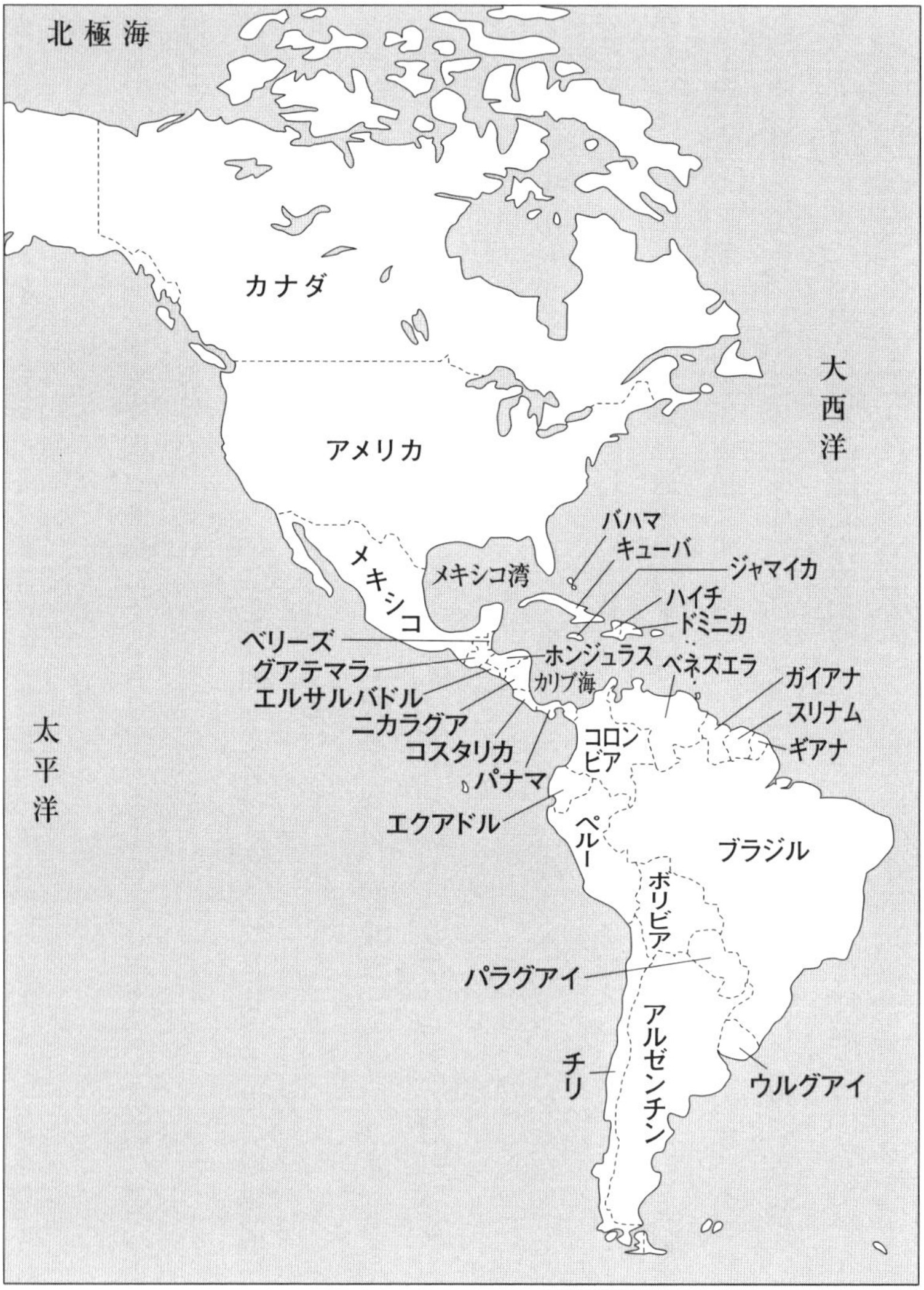
北極海
カナダ
アメリカ
大西洋
太平洋
メキシコ
メキシコ湾
バハマ
キューバ
ジャマイカ
ハイチ
ドミニカ
ベリーズ
グアテマラ
エルサルバドル
ニカラグア
コスタリカ
パナマ
ホンジュラス
カリブ海
ベネズエラ
ガイアナ
スリナム
ギアナ
コロンビア
エクアドル
ペルー
ブラジル
ボリビア
パラグアイ
アルゼンチン
チリ
ウルグアイ

6章

世界の地理・産業

世界の「かたち」

我々はどんなところに住んでいるのか?

地球上のすべての陸地より広い太平洋

地球を「水の惑星」と呼ぶことがあるが、まさにその言葉どおり地球の表面の約7割は水、つまり海に占められている。その面積は約3億6000万平方キロメートルで、最も広いのが太平洋、次いで大西洋、インド洋、北極海となる。ちなみに、地球の陸地をすべて合わせても太平洋の面積にすらならないというから、海の広さには驚かされるばかりだ。

その海以外の残りの3割ほどが陸地で、大きく分類すると、ユーラシア、北アメリカ、南アメリカ、アフリカ、オーストラリア、南極と6つの大陸に分けることができる。

形はもちろん、気候や民族も異なるそれらの大陸だが、世界地図を眺めているといくつかの共通点を見出すことができる。

そのひとつが山地である。大陸にはそれぞれ平野や山地などさまざまな地形が存在している

◆ プレートと造山帯

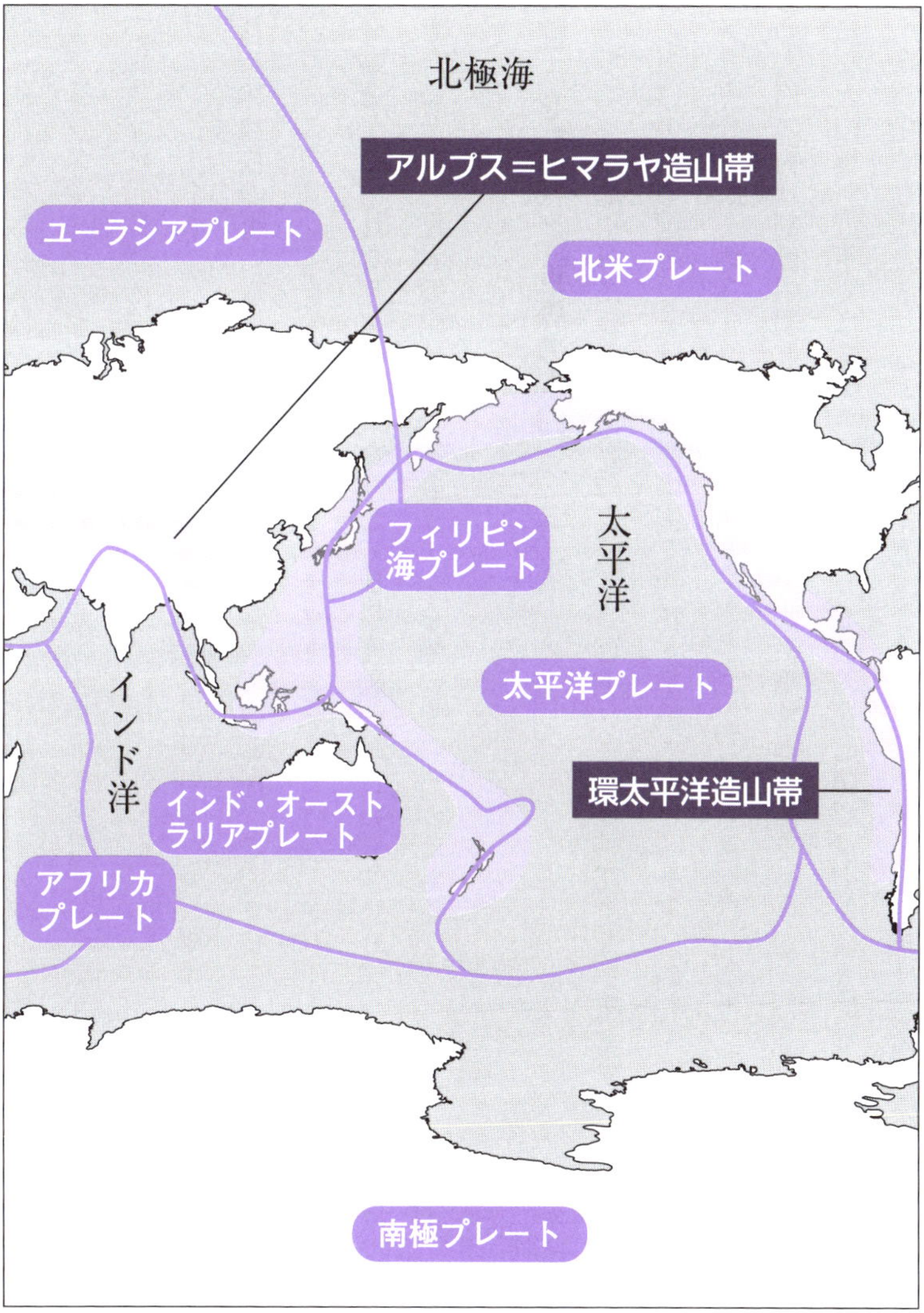
北極海
アルプス＝ヒマラヤ造山帯
ユーラシアプレート
北米プレート
フィリピン海プレート
太平洋
太平洋プレート
インド洋
環太平洋造山帯
インド・オーストラリアプレート
アフリカプレート
南極プレート

が、特に山地は複数の大陸をまたいで細長く連なっている。アルプス山脈からヒマラヤ山脈まで続くアルプス＝ヒマラヤ造山帯と、日本列島から南北アメリカまで太平洋を取り囲むように連なる環太平洋造山帯の２つのラインである。

これは、「プレートテクトニクス」という動きに起因している。地球上の大陸は「地殻《ちかく》」と呼ばれる10数枚の堅い板状のプレートの上に乗っているが、このプレートはわずかながら移動している。このプレートの移動をプレートテクトニクスと呼び、プレート同士はその境目である「変動帯《へんどうたい》」でずれたりぶつかったりして地殻変動が起きる。つまり、プレートの境に沿って形成されるため、世界の山地は一定のラインを描いているのである。

70億人を突破した世界の人口

ところで、陸地や海に暮らす世界の人口は２０１５年現在、73億人を超えている。

特に人口の多い国といえば、まず中国（約13・7億人）とインド（約13・1億人）で、次いでアメリカ合衆国（約３・２億人）、インドネシア（約２・５億人）となっている。ちなみに、世界の人口の約４割は中国とインドの２つの国に集まっている。

そんな人口も、近年ではアジアやアフリカなどの途上国では引き続き増加する一方で、日本の少子高齢化にも代表されるように、先進国ではわずかながら減少しはじめている。

世界の気候
世界の気候を簡単に分類すると？

5つの気候帯とは

世界地図を見ると北半球と南半球を分ける赤道が1本、真横に引かれている。世界の気候は、この赤道から北極と南極に向かって北半球と南半球でそれぞれ順に熱帯、温帯、冷帯、寒帯に区分され、その中でも特に雨の少ない地域が乾燥帯と呼ばれている。この5つの気候帯が、世界の気候区分の基本となっている。

これらの気候帯は、地形や太陽から受ける熱量の差によって生じてくる。そこで、それぞれの気候帯の特徴を簡単にまとめてみると、まず赤道に近い熱帯は最も太陽からの熱を受けるために1年を通じて高温になる。

特に、赤道付近の雨の絶えない地域にはさまざまな種類の常緑樹が広がり、熱帯雨林《ねったいうりん》気候と呼ばれている。この熱帯雨林気候の周辺を取り巻くように、雨季と乾季のあるサバナ気候が広がる。野生動物の楽園ともいわれるアフリカの草原地帯などはこのサバナ気候に含まれる。

次に、日本も属する温帯は他の気候帯に比べると年間を通して比較的温暖な地域であり、四季のはっきりした気候でもある。温暖な気候のために古くから農業が盛んで、世界の多くの文明はこの温帯から産声を上げている。また、冷帯はおもに北半球のロシアやカナダに見られる気候帯だ。寒さの厳しい冬が続き、降雪も多い。

気候帯の中で最も両極に近い地域に広がる寒帯は、夏でも気温が低いので樹木が育たない荒涼とした地域である。寒さが厳しく、大地のほとんどが雪や氷に閉ざされているため農業には不適で、そのため人口も少ない。

最後に乾燥帯は、大きな山脈に囲まれた内陸に見られる。降雨がほとんどなく、昼夜の気温差も激しいことから植物が生育しにくく、砂漠が広がっている地域が多い。

●広がる砂漠化

ところで、このような砂漠は乾燥帯以外にも広がり地球規模の問題となっている。人口増加により農地の拡大や森林伐採が行われ、人為的に土地から緑が失われてしまい、長い年月をかけて少しずつ砂漠となってしまうのだ。特に途上国ではこの傾向が強く、農地が失われてしまうことから食糧問題の原因にもなっている。

◆ 世界の気候帯

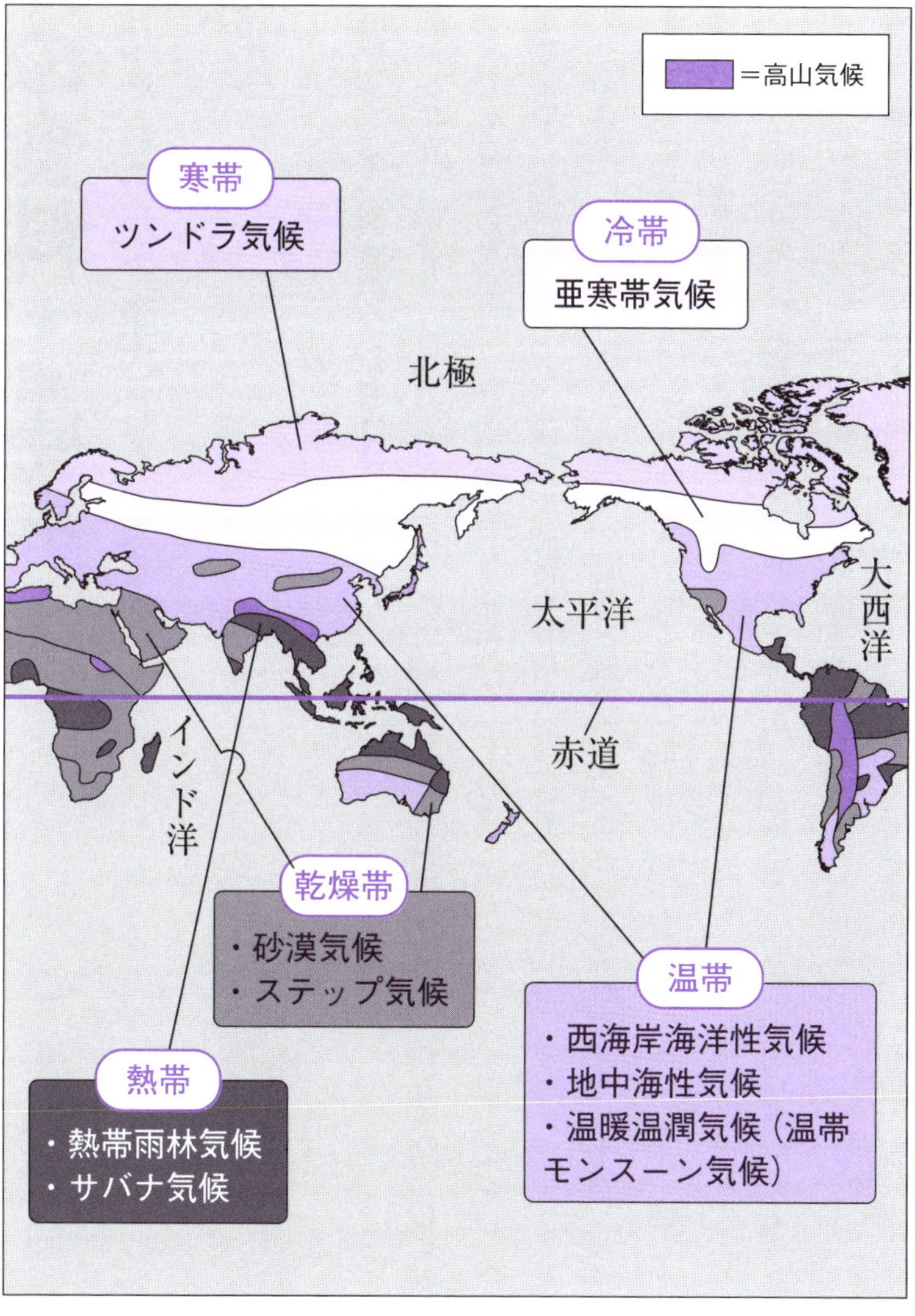

＝高山気候
寒帯
ツンドラ気候
冷帯
亜寒帯気候
北極
太平洋
大西洋
赤道
インド洋
乾燥帯
・砂漠気候
・ステップ気候
温帯
・西海岸海洋性気候
・地中海性気候
・温暖温潤気候（温帯モンスーン気候）
熱帯
・熱帯雨林気候
・サバナ気候

世界の食料・農業

どこでどんなものが生産されている？

気候によって、農業のかたちは変わる

狩猟や採集から始まり、自分たちがその日に口にするための食物を手に入れる手段でしかなかった人類の農業の歴史は、今や計画的に大規模で行われる一大ビジネスへと発達している。そんな農業も、世界の地域ごとにその生産物や利用の方法は異なっている。

欧米での農業の基本となっているのが、農耕と牧畜を組み合わせた混合農業だ。小麦、ライ麦などの食用穀物と大麦やエン麦、トウモロコシなどの飼料作物を栽培し、同時に牛、豚などの家畜も飼育する農業である。

また、この混合農業は穀物栽培に重点を置いた自給的混合農業と、特にアメリカやオーストラリアなどで行われている牧畜を中心とした商業的混合農業とに分けられる。

一方で、熱帯のアフリカでは、森林や熱帯雨林を焼いて農地を開拓し、いも類や雑穀類を栽

◆ おもな国の耕地面積と飢餓率の高い国（2013年）

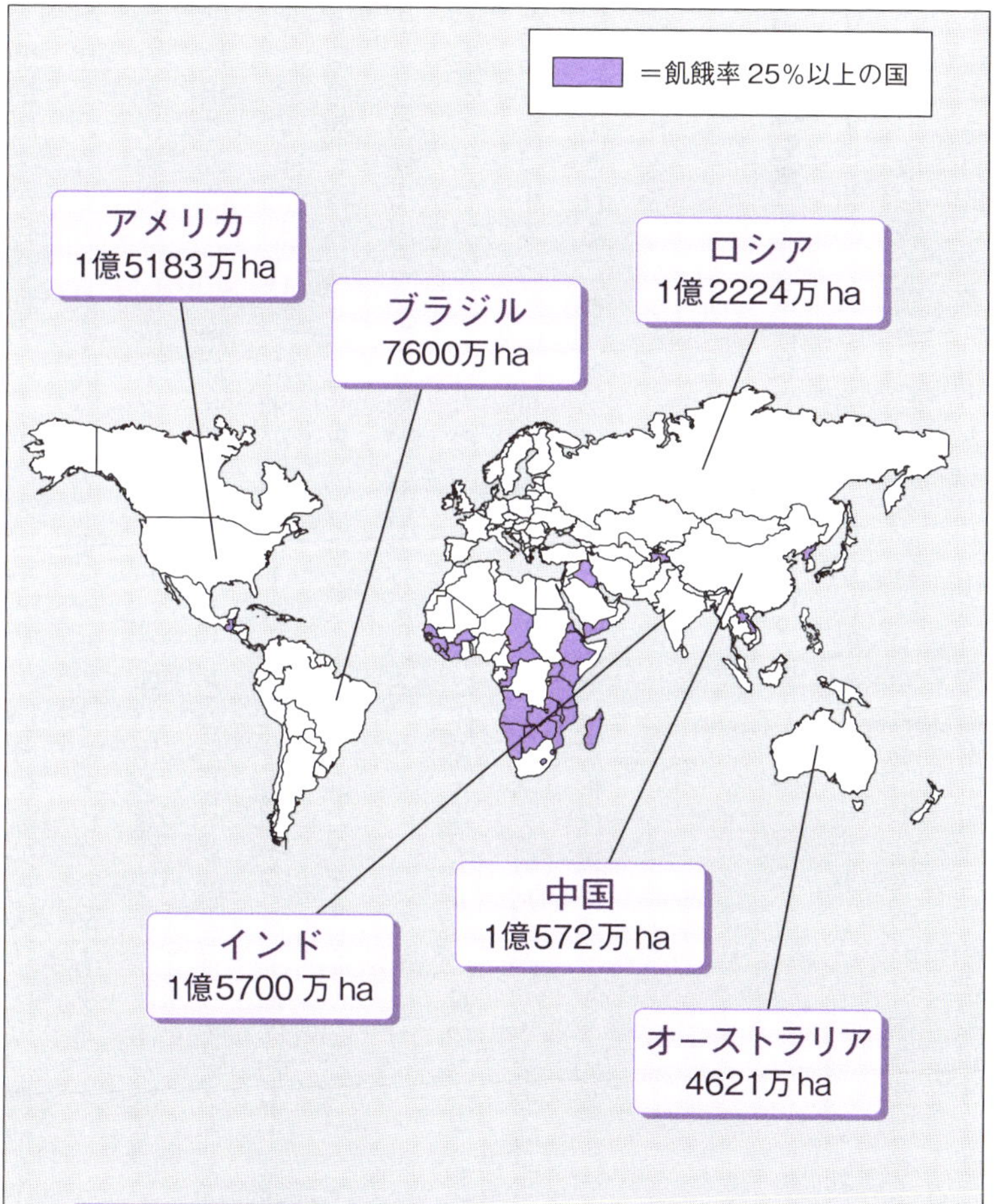

世界の穀物総生産量は27億 7994万トン（2013年）
（1人あたり約 386 kg / 年間）

出典：総務省「世界の統計 2015」、国連食糧計画「ハンガーマップ・ナビ」

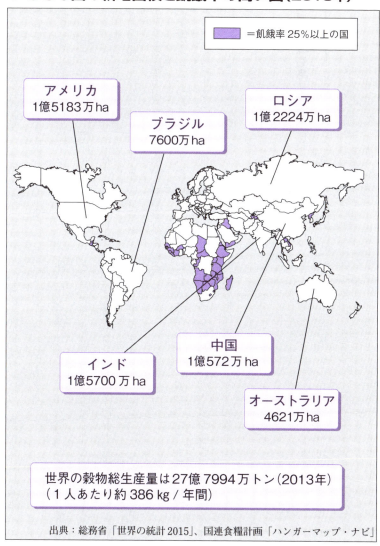

培する焼畑《やきはた》農業が行われている。この〝焼く〟という伝統的な方法には、農地を広げるとともに、やせている土壌を木を焼いた灰によって改良するという目的もある。

ところが、過剰な焼畑農業は森林が失われて砂漠化を進行させ、森林の燃焼によって二酸化炭素が放出されるために地球温暖化の原因のひとつとしても懸念されているなど問題点も少なくない。さらに熱帯では、欧米の資本による大規模な農園で、単一の作物を生産するプランテーション農業も行われている。このプランテーションではコーヒー、天然ゴム、サトウキビ、バナナなどの輸出用の熱帯作物が栽培されている。

また温帯のアジアでは、日本や中国、インドに代表されるように穀物の中でも特に稲作が中心となる。米は小麦とともに世界の人々が主食としている穀物だが、小麦が欧米の先進国から途上国に輸出されることが多い反面、米に関しては温帯に属するアジアの途上国から欧米に向けて輸出されることが多くなっている。

世界で最も多く飼育されている家畜は？

農業とともに世界の人々の食を支えている牧畜では、牛や豚、羊などが飼育されている。なかでも、世界で最も多く飼育されている家畜は牛である。牛はその肉自体を食用とする肉用牛と、生乳の生産を目的とする乳用牛として利用されており、近年、その需要はますます増えている。

世界の工業・水産業

産業の移り変わりから何がわかる？

「産業革命」は世界をどう変えたか

紡績機や蒸気機関の発明など、18世紀後半にイギリスから起こった「産業革命」の波は、機械による大量生産の技術をまたたく間に世界に広めた。さらに製鉄技術の進歩もあって工業用素材がそれまでの木材から鉄鋼に移行し、工業の仕組みだけでなく人々の生活も大きく変化していった。

工業化の波は欧米諸国から日本へと拡大し、やがて韓国、台湾、香港、シンガポールなどの急速な経済成長を遂げたニーズと呼ばれる新興工業国が登場してきた。また、工業製品の生産方法も著しく変化しており、現在では自動車や船舶、コンピューターや家電、そして食品など主要な工業製品のほとんどが複雑な機械による機械工業によって生産されている。

さらに1970年代のオイルショックを境に、世界の産業が重厚長大《じゅうこうちょうだい》から軽薄短小《けいはくたんしょう》へとシフトしてきたことで、高品質の工業製品を生み出す日本のコンピューター技術も重視されている。

世界三大漁場とは？

地表の7割が海に覆われていることもあって、水産業も世界の産業を支える重要な柱のひとつである。漁船の高速化や冷凍技術の向上によって、世界の海における漁場はますます遠隔になっている。多くの魚が集まる好漁場となるのは、寒流と暖流がぶつかり合う潮目などのプランクトンが大量に発生する海域だ。

そのような自然条件を備えた代表的な海域はいくつか存在する。まずは、日本列島を中心とする太平洋北西漁場である。この漁場は南北に長いため、さけやますなどの寒流魚からまぐろやかつおなどの暖流魚まで漁獲の種類も量も多い。

ほかにもカナダやアメリカの太平洋沿岸にあるのが北東大西洋漁場、さらに北海を中心とした北西大西洋漁場などが代表的な漁場で、それらは世界三大漁場と呼ばれている。

このように漁業が活発になると、自国の水産資源を保護するために領海問題が発生してくる。そこで国際的に合意されているルールが排他的経済水域《はいたてきけいざいすいいき》である。これは、沿岸から200海里（約370キロメートル）の範囲内の水産資源や鉱物資源の権利を自国が得られるという決め事で、世界の漁獲高の90パーセントがこの水域からのものとなっている。

◆経済成長国と経済大国

新興国「BRICS」

ブラジル
インド
ロシア
中国
南アフリカ

新興経済発展国群「NEXT11」

イラン、インドネシア、エジプト、韓国、トルコ、ナイジェリア、パキスタン、バングラデシュ、フィリピン、ベトナム、メキシコ

各国のGDP(2015年の予測値)

1	アメリカ	18兆366億ドル
2	中国	11兆1815億ドル
3	日本	4兆1242億ドル
4	ドイツ	3兆3652億ドル
5	イギリス	2兆8584億ドル
6	フランス	2兆4201億ドル
7	インド	2兆730億ドル
8	イタリア	1兆8157億ドル
9	ブラジル	1兆7725億ドル
10	カナダ	1兆5505億ドル

出典:国際通貨基金

世界のエネルギー資源

世界のエネルギー最新事情とは？

●石炭から石油、原子力へ

産業革命により蒸気機関が実用化された18世紀後半には、おもなエネルギー源は石炭であった。産業革命以前は水力を利用していた多くの工場が、河岸から炭田のある土地へと移動していったほどだ。石炭はその後も長く世界のエネルギー資源の中心だったが、20世紀に入ると石炭に比べて運搬が容易で、エネルギー効率もいい石油の消費が増えはじめていく。

さらに先進国での自動車の普及や石油化学工業の発展により石油の需要は飛躍的に伸びていき、1960年代には石油によるエネルギー革命がもたらされた。

ところが、石油のおもな産出国である中東の国々で結成するOPEC（石油輸出国機構）が、1970年代に石油価格の大幅な値上げをしたことからオイルショックと呼ばれる世界規模の石油危機が発生し、これをきっかけに先進国は石油だけに依存するエネルギー資源を見直すよ

◆ 各国の原油、石炭、天然ガス、ウラン埋蔵量

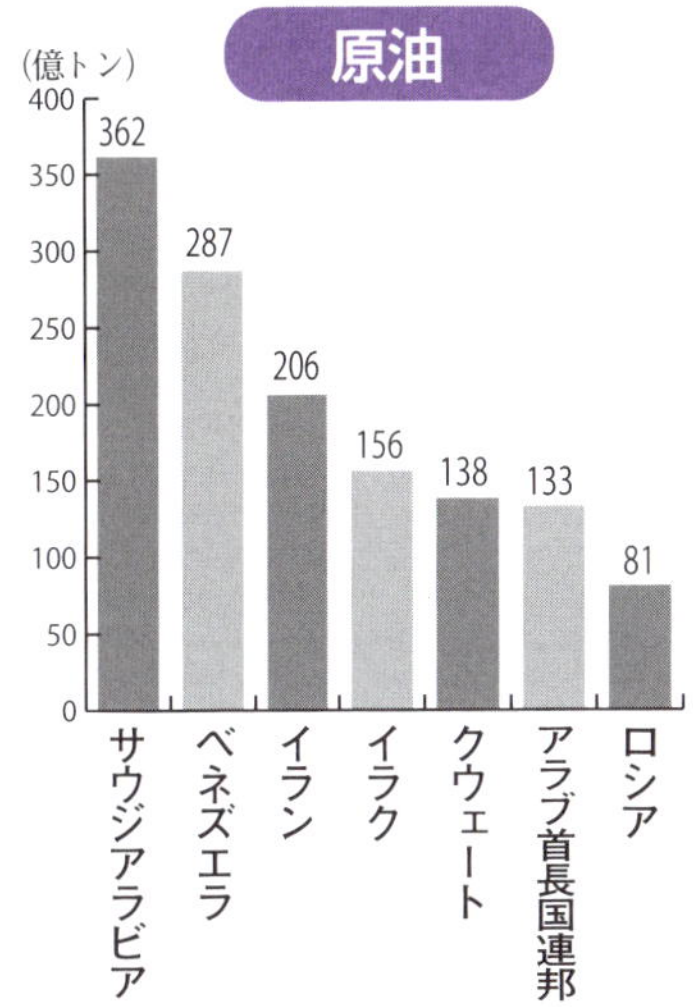

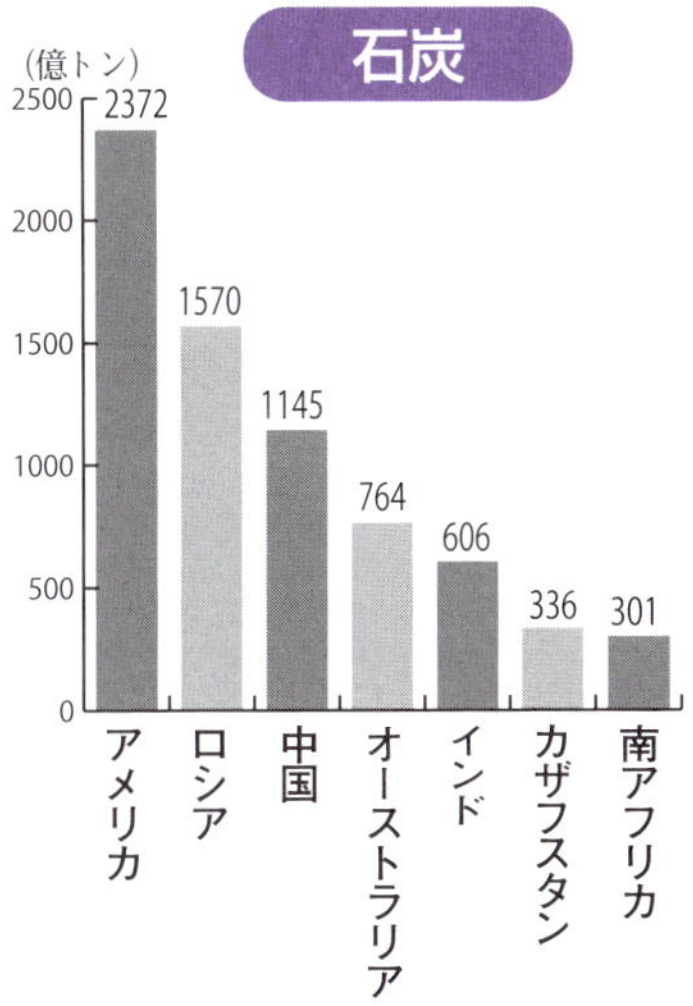

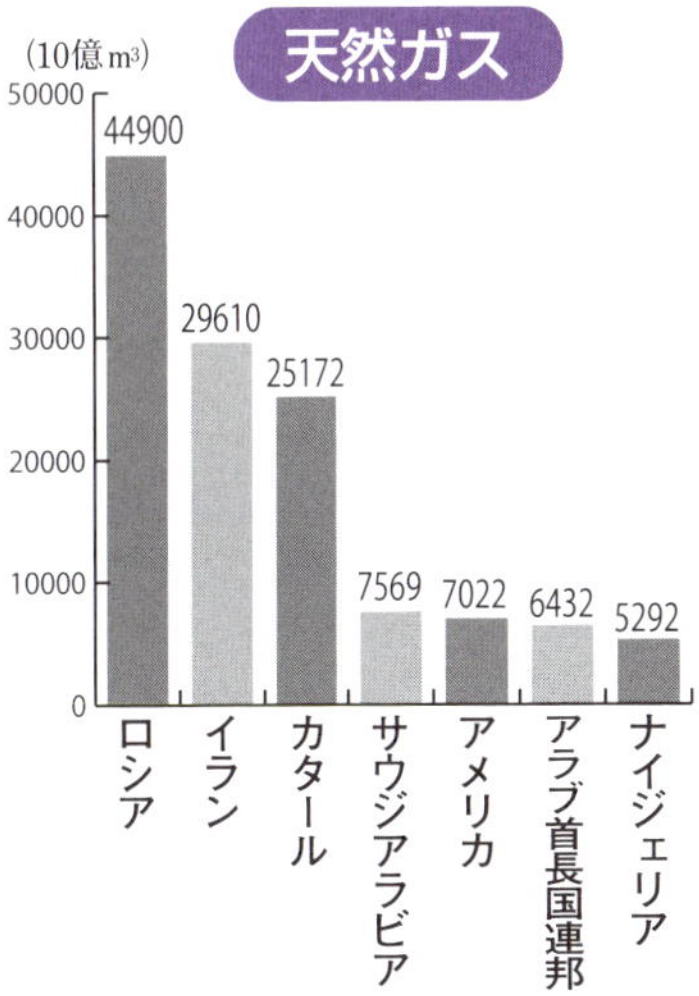

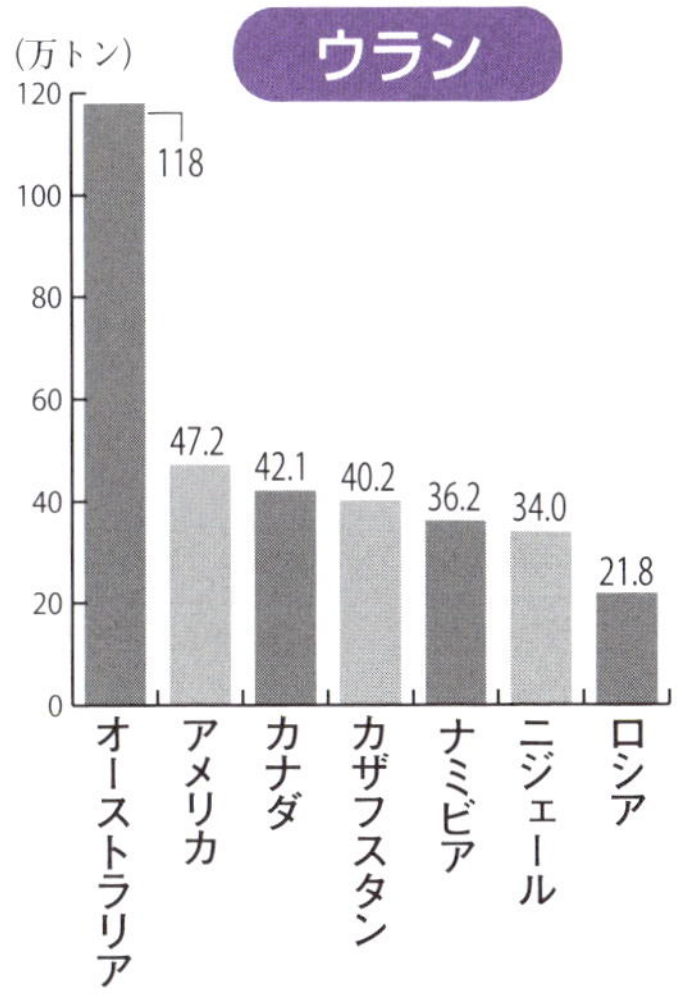

出典：総務省「世界の統計 2016」

うになった。

さらに環境への影響も配慮して、石油や石炭よりも燃焼による汚染物質が少ない天然ガスが利用されるようになった。一般に天然ガスとはメタンを主成分とする燃焼性のガスを指すことが多く、エネルギー効率もいいことからロシアやアメリカを中心に産出されている。

また、ウランやプルトニウムの核分裂によって得られる原子力エネルギーも利用されている。原子力発電は1986年の「チェルノブイリ原発事故」や、使用済みの核燃料の処理など安全面での不安も多く、原子力発電自体を削減していこうという国々と安全な利用をめざす国々とでその賛否は分かれている。

注目される代替エネルギーとは

ところが、これらの化石燃料は一度利用すると再生できず、またいずれは枯渇してしまうという懸念もある。そこで、化石燃料に代わる代替エネルギーとして永続的に利用が可能な太陽熱や風力、サトウキビやトウモロコシから得られるバイオマス燃料などへの移行が世界的な課題となっている。とはいえ、温室効果ガスの排出も削減が期待できるこれらの代替エネルギーは、その実用化には技術面やコスト面でまだまだ問題が山積みとなっている。

技術開発に向けて、さらなる国際的な取り組みが期待されている。

●参考文献

『ビジュアルワイド　図解世界史』（東京書籍編集部／東京書籍）、『世界史Ｂ』（尾形勇、後藤明、桜井由躬雄、福井憲彦、山本秀行、西浜吉晴、宮崎正勝／東京書籍）、『地図と地名で読む世界史』（宮崎正勝／日本実業出版社）、『ＮＨＫスペシャル　文明の道①　モンゴル帝国』（ＮＨＫ文明の道プロジェクト、杉山正明、弓場紀知、宮紀子、宇野伸浩、赤坂恒明、四日市康博、橋本雄／日本放送出版協会）、『地図でたずねる歴史の舞台　―世界―』（帝国書院編集部、金子修一、川北稔、菊池良生、金七紀男、堺屋太一、竹中興慈、田村孝、塚本青史、藤本ひとみ／帝国書院）、『オーストラリア物語　歴史と日豪交流　10話』（遠藤雅子／平凡社新書）、『理解しやすい世界史Ｂ改訂版』（成瀬治、笠沙雅章編著／文英堂）、『新選世界史精図三訂版』（鈴木成高、守屋美都雄／帝国書院）、『日本大百科全書』（小学館）、『ＮＨＫスペシャル　四大文明エジプト』（吉村作治、後藤健、ＮＨＫスペシャル「四大文明」プロジェクト編著／日本放送出版協会）、『ラテンアメリカ史Ⅰ　メキシコ　中央アメリカ　カリブ海』（増田義郎、山田睦男編／山川出版社）、『ラテンアメリカ史Ⅱ　南アメリカ』（増田義郎編／山川出版社）、『もっと知りたいスリランカ』（杉本良男編／弘文堂）、『もっと知りたいマレーシア』（綾部恒雄、石井米雄編／弘文堂）、『もっと知りたいフィリピン』（綾部恒雄、永積昭編／弘文堂）、『もっと知りたいインドネシア』（綾部恒雄、石井米雄編／弘文堂）、『手をとるように世界史がわかる本』（小松田直／かんき出版）、『２００７　データブック・オブ・ザ・ワールド』（二宮書店）、『キーワードで探る四大文明』（吉村作治、松本健、鶴間和幸、後藤健、近藤英夫、ＮＨＫスペシャル「四大文明」プロジェクト／日本放送出版協会）、『詳説　世界史改訂版』（山川出版社）、『山川　世界史総合図録』（山川出版社）、『パノラマ　世界の歴史』（プランタジネット・サマヤット・フライ著、樺山紘一訳／講談社）、『世界史年表・地図』（亀井高孝、三上次男、林健太郎・堀米庸三編／吉川弘文館）、『学研　ハイベスト教科事典　世界地理』（堀内一男監修／学習研究社）、『世界市民の地理学』（野尻亘、古田昇／晃洋書房）ほか

〈ホームページ〉サウジアラビア大使館、東方観光局、外務省、在京タイ王国大使館、旅研、総務省統計局、国連食糧計画、国連食糧農業機関、資源エネルギー庁、在パナマ大使館、ＪＩＣＡほか

※本書は、小社より刊行した『この一冊で世界史と世界地理が面白いほどわかる！』（２００７年）、『この一冊で歴史と地理の知識が身につく本』（２０１０年）、『地理から読みとく世界史の謎』（２０１４年）、『図説 世界で一番おもしろい世界史』（２００４年）を、改題、加筆・修正のうえ、再編集したものです。

編者紹介

歴史の謎研究会
歴史の闇にはまだまだ未知の事実が隠されたままになっている。その奥深くうずもれたロマンを発掘し、現代に蘇らせることを使命としている研究グループ。
本書では、領土、地形、産業から、その「場所」で起きた世界史上の大事件まで、世界史と世界地理の大事なポイントをスッキリ整理。あの「ニュース」の背景もよくわかる最強決定版！

この一冊《いっさつ》で「いま」がスッキリわかる！ 世界史《せかいし》と世界地理《せかいちり》

2017年1月5日　第1刷

編　　者　歴史《れきし》の謎研究会《なぞけんきゅうかい》

発行者　小澤源太郎

責任編集　株式会社プライム涌光
電話　編集部　03(3203)2850

発行所　株式会社青春出版社

東京都新宿区若松町12番1号〒162-0056
振替番号　00190-7-98602
電話　営業部　03(3207)1916

印刷・大日本印刷　製本・大口製本

万一、落丁、乱丁がありました節は、お取りかえします

ISBN978-4-413-11200-0 C0022